U0916433

国学梯级公开课

3

摩罗 × 杨帆 编著

江苏凤凰文艺出版社
JIANGSU PHOENIX LITERATURE AND ART PUBLISHING, LTD

图书在版编目（CIP）数据

国学梯级公开课. 3 / 摩罗，杨帆编著. — 南京：江苏凤凰文艺出版社，2019.6

ISBN 978-7-5594-3293-3

Ⅰ. ①国… Ⅱ. ①摩… ②杨… Ⅲ. ①国学 – 通俗读物 Ⅳ. ①Z126-49

中国版本图书馆CIP数据核字(2019)第022545号

书　　名	国学梯级公开课 3
编　　著	摩　罗　杨　帆
责任编辑	孙金荣
特约编辑	麦文想
责任校对	孔智敏
封面设计	金牘文化 · 车球
出版发行	江苏凤凰文艺出版社
出版社地址	南京市中央路165号，邮编：210009
出版社网址	http://www.jswenyi.com
印　　刷	三河市金元印装有限公司
开　　本	880毫米×1230毫米　1/32
印　　张	8
字　　数	165千字
版　　次	2019年6月第1版　2019年6月第1次印刷
标准书号	ISBN　978-7-5594-3293-3
定　　价	38.00元

《国学梯级公开课》
编辑思路和学习建议

一、总目标

《国学梯级公开课》(全称《国学梯级公开课：经史子集分梯分级文言文教材》)，是一部学习文言文和传统文化经典的教材。传统文化的主要经典，均以文言文形式书写。不学习文言文，就无法学习传统经典；只要学习传统经典，就一定是在学习文言文。

文言文是古代书面语，与今天流行的白话文书面语，差异很大。从夏商到清末民初，文言文经过几千年的发展和流变。传承至今的文献，其难易程度也差异很大。学习文言文必须经历从易到难的过程，一步步拾级而上，最后阅读任何古代文献都不会有语言障碍。

前几年，我们应邀在经崖书院给初中孩子讲古文，以《古文观止》为教材。教学中渐渐意识到，《古文观止》对今天的习者来说，尚有一些不适合之处。比如，其选文集中于儒家一脉，对其他各家各派基本不拣选。至于那些集中体现华夏先民宇宙观、世界观、人生观的思想性、哲学性作品，似乎视而不见。此外，它具有较多文人趣味，常常沉溺于游山玩水、吟风弄月。要想系统地学习传统文化，就得开掘更广阔的教学资源，就得有更加中正精良的教材。

《国学梯级公开课》，即顺应习者此一需求而编撰。其编辑思路、选文标准，都体现了从低到高、由易而难的特点。只要按照要求认真学习，学完第一级，习者的文言文水平就可达到第一级。以此类推。

《国学梯级公开课》，共分3梯18级。以初中文化程度为起点，学完18级，可以较为方便地阅读各个历史时期的经典。

3梯为：及门梯、登堂梯、入室梯。每梯各有6级，每级1册，共有18册。

概括起来，本书有如下6个特征：

1. 语言性：文言文教材。

2. 文化性：传统文化教材。

3. 经典性：传统经典教材。

4. 故事性：魅力教材。

5. 写作性：写作教材。

6. 梯级性：拾级而上教材。

二、各梯级目标

一般古文选本，都是从远古到近代编选，《国学梯级公开课》则是从近代到远古的逆行编法，由易而难，层层推进。

及门梯 1—6 级，除经部外，重点编选元明清时期文章。认真学完及门梯 6 级教材，可以较好地阅读元明清时期的散文、游记、小说、书信、政论、奏折、史书等。

登堂梯 7—12 级，除经部外，重点编选魏晋唐宋时期文章。认真学完登堂梯 6 级教材，可以较轻松地阅读唐宋的作品，借助简单注释就能看懂魏晋的作品。

入室梯 13—18 级，重点编选《尚书》及秦汉文章。认真学完入室梯 6 级教材，可以较轻松地阅读秦汉时期作品，借助简单注释就能读通先秦文献。

这 3 梯 18 级，习者不但学习语言，也学习大量文化知识和历史知识，能由此深入传统文化堂奥，洞悉传统文化真髓。

三、选文特点

经、史、子、集，是中国古人对浩瀚文献的分类方法，名曰四部。《国学梯级公开课》按照古人的分类方法（但也有所变通），引导习者一步步进入古人创造的传统文化堂奥，是最好的捷径。本编每级教材都按集、经、史、子顺序排列。因为集部文献浅易生动，习者容易进入。

集部

《国学梯级公开课》把今天所谓文学作品，诸如散文、小说，都归入集部。3 梯 18 级的集部连缀起来，也可以看作是一部由近及远、逆向编选的简单文学选本。

经部

《国学阶梯公开课》按照唐宋形成的“十三经”体系，从中节选合适的篇章作为经部课文。“十三经”在语言上的难易程度，差别甚大。本编基本上按照从易到难原则编选。

史部

史部选文最为特殊，每级5篇课文，其中3篇《史记》故事选段，1篇《资治通鉴》故事选段，1篇其他文章。先秦典籍都是经过汉代整理然后流传，故可说华夏书面语到汉代才最后成熟和定型。《史记》正好是汉代最辉煌的作品，代表了汉语的成熟与定型。学好了《史记》，也就学好了古代汉语。

子部

先秦的诸子百家，汉以后凡是著书立说，阐发天地大道、人生奥义和治国谋略的著述，都归入子部。

四、课文模式

《国学梯级公开课》每级一册，每册20课，经、史、子、集各5课。每课以主课文为核心，加以注释、解读与阐发。每课由9项内容组成。现将其中主要板块的特点介绍如下。

【人物故事】介绍课文作者，或课文中提到的重要人物。介绍时常常带出该人物主要经历、思想、成就和历史影响。

【主课文】这是全书的核心。学习这些课文，就是触摸中国传统文化。

【参考译文】希望习者尽量不看译文，仅在对原文意旨拿不准时，查阅译文作为参考。

【赏析与写作指导】赏析是对文章特别精彩之处予以解读，以深化习者对课文的理解。如果阅读每一篇经典时，都能有意识地体会其感情态度、篇章结构、语言艺术，我们的写作水平一定会逐步提高。

【延伸知识】延伸知识大多是介绍与主课文内容直接或间接相关的文化知识。

【副课文】增加副课文，主要是为了扩大习者的文言文阅读量。学习一种语言，阅读量越大，进步就越快。多年以来，中学语文教材中的文言文课文，每学期两个单元大约6课，平均每课约400字，一学期2000多字，初高中12个学期才学不到3万字，频率如此低，阅读量如此小，所以高中毕业之后，基本上没有阅读文言文的能力。

【思考与训练】思考题一般都是引导读者在主课文或副课文内容的激发下，展开人文思考。训练题主要是将文言文翻译为白话文的练习。

《国学梯级公开课》，平均每课（主课文加副课文）有文言文原典1000—2000字，18册共有文言文原典约54万字，是中学教材中文言文原典的19倍。有了这样的学习频率、强度和阅读量，才能真正具备文言文阅读能力。

五、学习建议

【习者范围】这是一套在课堂上讲出来的文言文读本，特别接地气。初中生可在老师辅导下学习此书，高中生、大学生和上班族可独立自学此书。

【学习频率】无论上学族还是上班族，学习和工作压力不大者，可以每周学习两课，压力较大者，可以每周学习一课。如果利用假期集中学习，则可每天学习一课。

【学习核心】背诵主课文，阅读副课文及其所属的书。学习语言，最好的方式就是背诵和广泛阅读。

【诵读与背诵】阅读能得文章之故事与观点，诵读能得文章之深旨和神韵，背诵则能终身受益于文章之义理与力量。诵读和背诵，尤其适合自学文言文经典者。

摩罗　杨帆

序言

《国学阶梯公开课》之集部、子部，1—6级都是以明清选文为主，但也夹杂其他时代一些语言浅易的文章。

第3级选了明清时期夏完淳、宋濂、施补华、黄宗羲、林则徐、宋应星等人的文章。夏完淳本是读书种子，天赋高才，9岁就出版诗集，文史兼通。年仅17岁就因抗清而牺牲。编者特地以很长篇幅，还原了夏完淳受教育的人文环境及其教育资源，他的精神力量和政治选择，都是他的师长、亲友所构成的人文环境造就的，可见正能量的人文教育对人物的成长何其重要。

编者第一次读到施补华《别弟文》，就想着它应该成为享誉天下的名文。作者身份远非显赫，文章内容也不阔大，但它表现了经过赤贫、屈辱洗礼的人，是如何不忘初心、戒欲戒贪、低姿态贴地而行的志节操守。其对母亲的追思与怀念，以及对她苦难、劳累、坚强的描述，尤其催人泪下。它与历史上三大祭文（韩愈的《祭十二郎文》、欧阳修《泷冈阡表》、袁枚的《祭妹文》），足可比肩而立。

《荔枝图序》是学习说明文写作的极好教材，符合本书对写作的重视。《晏子善谏》符合本书对故事性的追求，同时还是学习口才的极好范本。口头表达能力的训练，也是本书一直看重的。

经部以《论语》《孟子》为主，本级特突出“圣贤”主题。圣贤的美德之一就是孝，故给《孟子》描述舜的孝德之文，加上标题“大孝终身慕父母”。慕者，敬也。孝乃以敬为基础也。

史部特地选录《林则徐缉毒禁烟》。百年屈辱历史，竟然是从抵制西方人以国家力量大量贩毒而开始的。这种抵制与反抗失败之后，中华民族就如黄河溃堤一样被卷入了浩瀚无边的苦难之中。为了从这苦难深渊爬出来，中华民族牺牲了数以千万计的生命，用了百余年大好时光。不认真上好这一课，就可能不懂得珍惜今天，就算不上一个有觉悟的中国人。望习者勉之勉之！

副课文部分，选自清佚名《咸同将相琐闻》、袁枚小说故事集《子不语》、梁恭辰《北东园笔录》三书，这些故事既长见识又能激发人生感悟。学问就是在日积月累的阅读中，慢慢长进的。《荀子》说，不积跬步，无以至千里。所谓跬步，就是见缝插针、忙里偷闲的积累。

目录

壹 集部

贰 经部

叁 史　部

肆 子部

集部

第一课 狱中上母书

〔清〕夏完淳

题解

这是夏完淳被捕后，写给母亲的信。少年英雄，临终诀别。报国义无反顾，骨肉依依不舍。嘱咐后事，展望来世，唯念复国大业。英英少年，未冠先逝。甘罗与秦俱兴，完淳与明偕亡。足随夏允彝，志比陈子龙，德承袁崇焕，光昭屈灵均，义薄文天祥，道启杨靖宇。其血其望，震古烁今。嗟吾后世，自许其苗，以国奉祭，共志同心。

人物故事

夏完淳（1631—1647）：原名复，字存古，号小隐，又号灵首。松江府华亭县（今上海市松江区）人，祖籍浙江会稽。明末著名诗人，少年抗清英雄，诗人夏允彝之子。7岁能诗文。14岁随父及陈子龙参加抗清活动。父亲殉难后继续武装抗清，事败下狱。17岁杀身成仁，临刑神色不变。著有《南冠草》《续幸存录》等。

完淳从小嗜书如命，学问宏博。9岁出版诗集，被师长誉为神童。陪父亲夏允彝接待朋友时，常与大人纵论天下局势，论史论政皆有非凡见解，被恩师和文坛领袖陈子龙等爱称为圣童。7 岁随父游京师，钱谦益为之赋诗，赞其“背诵随人诘，身书等厥躬。倒怀常论日，信口欲生风。…… 若令酬圣主，便可压群公”。归籍后随父亲去福建长乐（今福建福州市辖区），路经浙江嘉善（今浙江嘉兴东北部），首访未来岳父钱彦林。当时义兵四起，社会动荡。7 岁的夏完淳忽然问钱彦林：“世局如此，不知丈人所重何事，所读何书？”12 岁著文立等可取。常与硕彦鸿儒纵论军事策略及边防情况，才华见解皆卓异。其父自杀前交给未完稿《幸存录》，他在抗清之余写下《续幸存录》，以续父志。郭沫若认为“史才灿然”。

主课文

不孝完淳今日死矣！以身殉父，不得以身报母矣！

痛自严君见背[1]，两易春秋，冤酷日深，艰辛历尽。本图复见天日，以报大仇，恤死荣生，告成[2]黄土。奈天不佑我，钟虐先朝[3]，一旅才兴，便成齑粉[4]。去年之举，淳已自分必死，谁知不死，死于今日也。斤斤延此二年之命，菽水[5]之养无一日焉。致慈君托迹于空门，生母寄生于别姓，一门漂泊，生不得相依，死不得相问；淳今日又溘然[6]先从九京[7]：不孝之罪，上通于天！

呜呼！双慈在堂，下有妹女，门祚[8]衰薄，终鲜兄弟。淳一死不足惜，哀哀八口，何以为生？虽然，已矣！淳之身，父之所遗；淳之身，君之所用。为父为君，死亦何负于双慈！但慈君推干就湿[9]，教礼习诗，十五年如一日。嫡母慈惠，千古所难。大恩未酬，令人痛绝。慈君托之义融女兄[10]，生母托之昭南女弟[11]。

淳死之后，新妇遗腹得雄，便以为家门之幸。如其不然，万勿置后[12]！会稽大望，至今而零极矣！节义文章如我父子者，几人哉？立一不肖后，如西铭先生[13]为人所诟笑，何如不立之为愈[14]耶！呜呼！大造茫茫，总归无后。有一日中兴再造，则庙食千秋，岂止麦饭豚蹄，不为馁鬼而已哉！若有妄言立后者，淳且与先文忠[15]在冥冥诛殛[16]顽嚚[17]，决不肯舍！

兵戈天地，淳死后，乱且未有定期。双慈善保玉体，无以淳为念。二十年后，淳且与先文忠为北塞之举[18]矣！勿悲勿悲！相托之言，慎勿相负！武功甥[19]将来大器，家事尽以委之。寒食盂兰，一杯清酒，一盏寒灯，不至作若敖之鬼[20]，则吾愿毕矣！

新妇结褵[21]二年，贤孝素著。武功甥好为我善待之，亦武功渭阳情[22]也。

语无伦次，将死言善，痛哉痛哉！人生孰无死？贵得死所耳！父得为忠臣，子得为孝子。含笑归太虚[23]，了我分内事。大道本无生，视身若敝屣[24]。但为气所激，缘悟天人理。恶梦十七年，报仇在来世。神游天地间，可以无愧矣！

（选自《清代散文选》）

注释

［1］见背：婉辞，指长辈去世。

［2］告成：报告成功的消息。

［3］钟虐先朝：灾祸聚集于先朝。先朝指明政权。

［4］齑（jī）粉：细粉；碎屑。这句比喻抗清军队遭镇压、消灭。

［5］菽（shū）水：菽，豆类的总称。菽水，指普通饮食。

［6］溘（kè）然：忽然；突然。

［7］九京：犹九泉，指地下。

［8］门祚（zuò）：家世。门，指家族或家族的一支。祚，福。

［9］推干就湿：形容抚育孩子的辛劳。

［10］义融女兄：夏完淳的姐姐夏淑吉。

［11］昭南女弟：夏完淳的妹妹夏惠吉。

［12］置后：抱养别人的孩子为后嗣。

［13］西铭先生：即张溥（1602—1641），明末文学家，复社的领袖。无后，死后第二年由钱谦益等代为立嗣。钱谦益降清，人们认为这有损张溥的名节。

［14］愈：好。

［15］先文忠：夏完淳的父亲夏允彝死后，谥号文忠。

［16］诛殛（jí）：诛杀。

［17］顽嚚（yín）：愚蠢而顽固的人。

［18］北塞之举：指出师北伐，把清兵驱赶出北方的边界。

［19］武功甥：夏完淳的外甥侯檠（qíng），字武功。

［20］若敖之鬼：指没有后嗣按时祭祀的饿鬼。若敖：春秋时楚国的若敖氏。《左传·宣公四年》记载，若敖氏后代楚国令尹子文，担心他的侄子越椒将来会使若敖氏灭宗，临死时，聚集族人哭泣道："鬼犹求食，若敖氏之鬼，不其馁而！"意思是若敖氏的鬼将因灭宗而无人祭祀。后来，若敖氏终因越椒叛楚而被灭绝。

［21］结褵（lí）：也作"结缡"。古代嫁女的一种仪式。女子临嫁，母亲给她结上佩巾。语出《诗·豳风·东山》："亲结其缡。"后即以"结缡"指结婚。

［22］渭阳情：指甥舅间的情谊。传说秦康公送其舅重耳返晋，直到渭水之北。《诗·秦风·渭阳》："我送舅氏，曰至渭阳。"

［23］太虚：天。

［24］屣（xǐ）：鞋子。

参考译文

不孝完淳而今就要死了！身体奉献给了父亲，就不能再报答母亲。

痛苦啊，父亲走了两个年头，怨恨惨痛日深，艰难辛苦历尽。本来希图重见天日，以报大仇，使死者得到慰恤，生者感到光荣，能把成功的消息告诉九泉下的父亲。无奈上天不保佑完淳，灾祸聚集到先朝。一支军队刚刚建立，就被击得粉碎。去年的义举，完淳自料非死不可。谁知没死，却死于今天！短短地延续了两年的生命，却没有一天得以孝养母亲，以致慈爱的嫡母托身空门，生母寄身在异姓之家。一门漂泊，活着不能相互依靠，死了也不能相互安慰。完淳今日又忽然先赴九泉：不孝之罪，连上天都知晓了。

唉呀！两位母亲都健在，下面还有妹妹，家运衰败，并无兄弟。完淳死不足惜，可哀痛的是家里的八个人何以维生呢？虽然如此，也就这样吧！完淳之身是父亲给的，完淳之身是国君用的，为父为君而死，又哪里是辜负两位母亲呢？但嫡母艰辛养育我，教我学礼习诗，15年来从未改变，嫡母的慈爱恩惠，千百年来所少有。大恩未报，完淳悲痛极了！现在完淳只得把慈爱的嫡母托付给义融姐，生母托付给昭南妹了。

完淳死后，有孕的妻子若能生一男孩，那是家门之幸。如果不然，千万不要抱养他人为后嗣。会稽望族夏家，如今已极其零落。品德学问像我父子这样的有几个呢？立一不肖后嗣，恐怕像西铭先生那样为人所诟骂讥笑，还不如不立为好！唉！天地茫茫，家族或许难绵延不断。有一日朝廷中兴重建，那么，我们岂止是享受麦饭豚蹄不为饿鬼，而是能千秋万代在庙中享受祭祀了！如有人妄言另立后嗣，完淳与父亲将在冥冥中诛杀这个顽固愚蠢之人，决不放过他！

遍地都在打仗，完淳死后，战乱什么时候能停止还不知道。两位母亲请好好保重身体，不要再挂念完淳。20年后，完淳和父亲将会扫平北方边境！不要悲伤，不要悲伤啊！托付的话，也请不要违背。外甥武功是个能担当大事的人，家里的事都交付给他。寒食节和盂兰盆会，供完淳一杯清酒、一盏寒灯，不要让完淳成为无人祭祀的饿鬼，我的愿望也就了结了。

妻子与完淳成婚二年以来，贤孝素来为人所深知，外甥武功为完淳好好地待她，这也是武功对完淳的甥舅之情啊！

语无伦次，说的都是将死之时的肺腑之言。悲痛啊悲痛！人哪有不死的呢？贵在死得其所罢了。父亲能成为忠臣，儿子能成为孝子。含笑归天，完成完淳的分内之事。自永恒的天道而言，本无所谓生死，且把自己的身体看作破鞋子吧。完淳只是为刚正之气所激，懂得了天人之理。短短17年如同噩梦，国仇家恨来世再报！完淳的神魂遨游于天地之间，可以无怨无悔了！

赏析与写作指导

天才是干什么用的?

一位少年的临死诀别，感情浓郁，哀痛至深，然而又充满了献身的果决与豪迈。维护尊严与正义，能不果决吗？担当天下与社稷，与违背天道、侵凌华夏的清军奋战到底，能不豪迈吗？

本文主要写了四方面内容：

一是对武装抗清失败痛感遗憾，心中不服，决心来生再作努力：

“冤酷日深，艰辛历尽。本图复见天日，以报大仇，恤死荣生，告成黄土。奈天不佑我，钟虐先朝，一旅才兴，便成齑粉。”

“恶梦十七年，报仇在来世！”

“二十年后，淳且与先文忠为北塞之举矣。”

二是不能为长辈尽孝报恩，不能为妻儿姐妹效力，置家人于痛苦和孤苦无依之中，极感愧疚和牵挂。故文中反复劝解家人自珍，不要永陷于痛苦之中：

“哀哀八口，何以为生？”

“兵戈天地，淳死后，乱且未有定期。双慈善保玉体，无以淳为念。”

三是安排后事：

“慈君托之义融女兄，生母托之昭南女弟。”

“新妇遗腹得雄，便以为家门之幸。如其不然，万勿置后！”

“武功甥将来大器，家事尽以委之。”

四是表达对华夏血脉、天地正义的坚定信念和为国捐躯、千古流芳的万丈豪情：

“节义文章，如我父子者，几人哉？”

“含笑归太虚，了我分内事。”

“神游天地间，可以无愧矣！”

“有一日中兴再造，则庙食千秋。”

前三方面，越写越哀，让读者摧肝裂胆。写到第四方面内容，哀痛已经转化为豪情。视死如归者，此之谓也。读者越来越增加敬仰之心，感到有责任、有意愿给其英灵奉献庙食。所谓庙食，就是祭祀如时，怀念永久。

明末清初大学者屈大均（1630—1696），广东番禺人，比夏完淳年长一岁。他对抗清烈士充满崇敬之情，终身不仕清廷。所著《皇明四朝成仁录》，传颂英烈事迹。该书记载了夏完淳在南京受审时挖苦降臣洪承畴的故事。

南京旧朝堂上，洪承畴端坐官席，喝问下面受审者夏完淳："汝童子有何大见识，岂能兴兵犯逆。想必是被人蒙骗，误入军中。如归顺大清，可封大官。"

夏完淳不为所动，故意反问洪承畴："尔何人也？"

衙役叱喝："此乃洪大人！"又有小吏在其旁低声告之："此乃洪亨九（洪承畴）先生。"

夏完淳佯作不知，大声喊道："哼，堂上定是伪类假冒。本朝洪亨九先生，皇明人杰，他在松山、杏山与北虏勇战，血溅章渠，先皇帝（崇祯帝）闻之震悼，亲自作诗褒念。我正是仰慕洪亨九先生忠烈，才欲杀身殉国，以效仿先烈英举。"

洪承畴很是尴尬，面如土灰。一吏对夏完淳呵斥道："上面主审者，正是洪大人！"

夏完淳笑道："不要骗我！洪亨九先生死于抗清已久，天子亲祭，群臣呜咽。汝等何样逆贼丑类，敢托忠烈大名，穿虏服虏帽冒充堂堂洪先生，真狗贼耳！"

洪承畴汗如雨下，嘴唇哆嗦。盖因小英雄字字戳到其灵魂痛处，使他万箭攒心般难受。世代食禄之大明重臣，反而不如一身世卑微的 17 岁少年，能无愧乎！（类似故事也发生在"白头军"领导人孙兆奎身上，他被押解南京后，也是洪承畴主审。

面对扎辫子的清朝总督，孙兆奎轻蔑地笑问堂上洪大人：“我们大明朝也有一个先烈叫洪承畴，您不会与那位大人同名吧？”）

洪承畴默然良久，只得挥挥手，令士卒把夏完淳和他岳父押回牢房。不久以后，翁婿二人跟其他30多位抗清英雄一起，血洒刑场。

一个7岁就出口成章、9岁就出版诗集并且震惊朝野的孩子，显然是个难得的天才。天才少年夭殇，虽万世之后，依然会人人痛惜。然而，天才是干什么用的？是用来践行天道的。维护尊严、反抗侵略，就是天道。天才少年夏完淳，心通人伦，志在天道，与逆天而行的罪恶势力抗争到底，以17岁年华和冲天豪情杀身成仁，他是完全正确地使用了他的天才，虽万世之后，依然会人人敬仰。

天才历代都有，正确地使用天才，却非人人都能做到。

延伸知识

夏完淳的忠烈亲友团

夏完淳天资卓异，少年大慧，文史兼通，经国有志，本可望成就一代宗师或济世大贤。可是生不逢时，遭遇国族大难，只能弃学杀敌，捐命保国。终因“天不佑我”，身死国灭。一个本该懵懂幼稚的少年，以其兴兵抗暴、舍身成仁的壮举，成为历史上璀璨夺目的流星。

夏完淳能成为少年英雄，既得益于他早慧早熟，也得益于有一个熏染他、造就他、引领他的人文环境。他的父亲、伯父、岳父、妻舅、姐夫全家，都是抗清志士，母亲教他读岳飞、文天祥的诗文，他的恩师陈子龙和史可法、黄道周等一大批师长，都是顶天立地的民族英雄。夏完淳在这个环境中成长，成为英雄乃顺理成章。特拟《夏完淳的忠烈亲友团》，再现夏完淳成长的人文环境。

夏允彝（1596—1645）：夏完淳之父，著名诗人，明末官员，抗清英雄。字彝仲，号瑗公，松江华亭（今上海松江区）人。万历四十六年（1618）举人，崇祯初年，与同郡陈子龙、徐孚远等人结成“几社”。崇祯十年（1637）进士，次年任福建长乐县知县。政绩闻名朝野，崇祯皇帝将其名字书于宫廷屏风上，拟重任之。适逢其母仙逝，回籍丁忧。崇祯十七年（1644），李自成攻陷北京，崇祯自杀。明室福王在南京监国，任命他为吏部考功司主事。清军占领江南后，他积极组织武装抗清，一再失败。清军当局招降，允以高官。他拒不见面，决意自杀。

夏允彝给好友陈子龙托付后事，平静与家人道别。以未完成的《幸存录》6卷交给夏完淳，嘱咐他续写，并要求他毁家救国，以图光复。然后，投松塘自杀。其兄夏之旭、其子夏完淳、其妻妾家人，皆哀恸地立于塘边送行。松塘水浅，不忍溺亡忠烈，夏允彝奋力埋头水中，窒息而死，背部衣衫竟未沾湿。

生母陆氏：夏完淳亲生母亲，夏允彝偏房妻子。按古代规矩，父亲的正妻盛氏才是夏完淳的嫡母，生母陆氏只能称娘。但盛氏知书识礼，宽厚明通，她不但不干涉陆氏跟儿子亲近，还不辞辛劳亲自教儿子诗书礼仪，三人共处甚好。生母陆氏也学过诗书，夏完淳牺牲后，她写诗哀悼。

嫡母盛氏：夏允彝正妻。《狱中上母书》就是写给她的。她对夏完淳极其钟爱，视若已出。对夏完淳的教养尽心尽意，要求甚严。既教诗书，又讲礼义。

陈子龙（1608—1647）：夏完淳恩师，明末文坛领袖，抗清英雄。松江华亭（今上海市松江区）人。崇祯十年进士，擢兵科给事中，命甫下而明亡。继而任南明弘光朝廷兵科给事中。清兵陷南京，他和太湖民众武装组织联络，开展抗清活动，事败后被捕，永历元年（1647）五月十三，在押解路上投水殉国。

除陈子龙外，夏完淳的老师还有张溥、史可法、黄道周等。

张溥（1602—1641）：字乾度，一字天如，号西铭，苏州府太仓州（今江苏太仓）人。复社创始人之一。张溥出身官宦门第，为婢妾所生，排行第八，为宗党所鄙。勤奋好学，读书必手抄，抄后读过即焚去，如此反复7遍。把自己的读书室名为“七录斋”，自己的著作也题名为《七录斋集》。《明史》记有张溥“七录七焚”的佳话。复社积极跟朝中阉党斗争，参加苏州抗税暴动。张溥被人下毒致死，年39岁。

史可法（1601—1645）：河南开封府祥符县人。北京城沦陷后，夏允彝曾专门拜访史可法，共谋复国大计。史可法拥立福王朱由崧（弘光帝）为帝，试图收拾残局。朱由崧既无大志，更无韬略，只知享乐。史可法别无选择，倾力扶持，官至督师、建极殿大学士、兵部尚书。弘光元年（1645）四月十八日，清军多铎部包围扬州，史可法困守孤城。二十一日，总兵李栖凤、监军副使高岐凤出城投降，守城力量更弱。多铎先后致书五封劝降，史可法均未启封。二十五日，清军以大炮轰塌城墙西北角，攻破扬州。多铎纵兵屠城 10 天，死难者超过 80 万，史称“扬州十日”。史可法兵败遇害。时值盛夏，死难者遗体很快腐烂，无法辨认。史可法义子史德威与扬州民众，在城外梅花岭修造史可法衣冠冢。

黄道周（1585—1646）：明末官员、书画家、文学家、儒学大师、民族英雄。福建漳浦铜山（今福建省东山县铜陵镇）人。天启二年（1622）进士，历官翰林院修撰、詹事府少詹事。南明隆武时，任吏部兼兵部尚书、武英殿大学士（首辅大臣）。抗清失败，被俘押解到南京。狱中诗云：“六十年来事已非，翻翻复复少生机。老臣挤尽一腔血，会看中原万里归。”洪承畴劝降无果，要求清政府免死，不许，乃遭屠杀。刑前绝食 12 日，其间妻蔡氏来信：“忠臣有国无家，勿内顾。”东华门刑场上，他向南方再拜，然后撕裂衣服，咬破手指，血书：“纲常万古，节义千秋；天地知我，家人勿忧。”死后，从他衣服里发现“大明孤臣黄道周”7 个大字。其门人蔡春落、赖继谨、赵士超和毛玉洁同日被杀。

夏之旭：夏完淳伯父，抗清英雄。当年曾以文才与夏允彝并驾齐驱。但科场不顺，功名终于秀才。夏允彝任职长乐期间，他居家照顾母亲。夏完淳少年暴得大名，他常以不可张狂训导之。明亡之后，参与抗清，与陈子龙一起策反苏松提督吴胜兆，事败之后遭清军通缉，乃自杀殉国。

钱秦篆（1631—？）：夏完淳之妻。浙江嘉善人。出身于名门望族，其父钱彦林诗书闻名，是当地文坛领袖。两位兄长双双神童。夏完淳《遗夫人书》说她“德曜齐眉，未可相喻。贤淑和孝，千古所难”。完淳死后，遗腹子出生不久即夭亡。她的丈夫、公公、父亲、哥哥、堂哥，都在此国难中殉命。她遁入空门为尼，青灯古佛，终其一生。

钱旃（？—1647）：夏完淳岳父，字彦林，抗清英雄。清军占领江南后，他与堂哥钱棅一起组织义军抵抗，捐家产资助粮饷，屯兵于长白荡一带，时而出击附近各县，诛杀清兵，声势浩大。钱棅兵败牺牲，钱彦林隐迹乡里。后又与抗清首领陈子龙共谋抵抗，清政府追捕陈子龙至其寓所，遂被捕。审讯者以为：“旃不死，吾辈度不保。”他和女婿夏完淳一起受审，一起殉国。他遇难后，妻子徐氏（夏完淳岳母）投水自尽。其长子钱熙，风姿玉立，才气纵横，因参加抗清活动，积劳成疾，于崇祯十七年（1644）去世。夏完淳为他写下“千古文章未尽才”悼诗。钱熙之弟钱默，一代神童，8岁能诗，15岁考中进士，写讨称赞夏完淳的《神童赋》，一时传为江南佳话。国破家亡后，一代天才四处流浪，不知所终。

夏淑吉：夏完淳同父异母姐姐。她嫁给浙江嘉定侯家，丈夫侯文中因病早逝。清兵占领江南后，侯文中的父亲和兄弟全都参加抗清斗争，全部为国捐躯。淑吉削发为尼。夏完淳在《狱中上母书》中，将嫡母盛氏托付给她照顾。

夏惠吉：字昭南，号兰隐，和夏完淳同为陆氏夫人所生，聪慧而富有才华。夏完淳在《狱中上母书》中，将生母陆氏托付给她照顾。

盛蕴贞：夏完淳嫡母盛氏的侄女。她许配给浙江嘉定侯家侯智含，侯智含是侯文中的亲弟弟。侯智含像父兄一样参加抗清斗争，逃避追捕时身亡。盛蕴贞还未成亲即为寡妇，婆家人几乎全部殉难。她只好削发为尼，为夏淑吉佛门弟子。

副课文

李鸿章投奔曾国藩

合肥傅相（辅导国君、诸侯王之官）肃毅伯李公，始以丁未翰林供职京师。其封翁（因子孙显贵而受封典的人）愚荃先生（李鸿章之父），与曾文正公戊戌同年也。傅相未第时，常以年家子从文正习制举文，既得翰林，亦常往问业。咸丰二年，文正丁忧回籍。傅相与其封翁，从侍郎吕文节公贤基，奉旨回籍治团练，自是遂不甚通音问。厥后皖北糜烂，吕公殉舒城之难，而团练事遂无可为。傅相旋入皖抚福元修中丞济（福济，满人）幕府，中丞盖傅相座主也。

然中丞本不知兵，指注（指示）未尽合宜，傅相亦不甚得志。会洪军（洪秀全太平军）势益盛，傅相病官军之退避也，力请大举一战。是时郑军门魁士为总统，谓叛强如此，君既欲战，如能保其必胜，愿书军令状否？傅相毅然书之。官军与洪军战而大败，洪军漫山遍野而来，合肥诸乡寨皆被蹂躏，傅相所居寨亦不守。封翁先已捐馆，傅相与诸兄弟奉母避之镇江，而自出谒诸帅，图再举。既落落无所合，久之，闻曾文正公督师江西，遂间道往谒焉。谓文正笃念故旧，必将用之。

居逆旅几一月，未见动静。此时在文正幕府者，为候补道程桓生尚斋，前翰林院庶吉士陈鼐作梅，今江宁布政使举人许振祎仙屏。陈鼐与傅相本系丁未同年，傅相使往探文正之意，不得要领。鼐因言于文正曰:“少荃愿侍老师，藉资历练。”文正曰:“少荃翰林也，志大才高。此间局面窄狭，恐艨艟巨舰，非潺潺浅濑所能容，何不回京供职？”鼐曰:“少荃多经磨折，大非往年意气可比，老师盍姑试之？”文正许诺，傅相入居幕中。

——〔清〕佚名《咸同将相琐闻》

思考与训练

请仔细阅读【赏析与写作指导】中夏完淳讽刺洪承畴的故事，认真想一想，如果夏完淳换一种方式，对洪承畴一顿臭骂，表达效果有什么不一样？你认为哪一种方式更能打击洪承畴的气焰、触动他的灵魂？

第二课 王冕传

〔明〕宋濂

题解

寒门子弟王冕，天资聪慧，一心向学，自学成才。本文通过王冕学舍听课、寺庙诵读、送母回乡、谢绝入仕、慷慨豪饮、帮助亡友、预言乱世、隐居耕读、画画养家、奇志待时、雪天品仙等 11 个故事，刻画了他极具个性的文人形象。

人物故事

宋濂（1310 — 1381）：字景濂，浙江金华人。祖籍金华潜溪（今浙江义乌），后迁居金华浦江（今浙江浦江）。明初著名政治家、文学家、史学家、思想家。自幼多病，家境贫寒，聪敏好学，号称神童。曾受业于闻人梦吉、吴莱、柳贯、黄溍等人，文名昭彰。元末辞谢朝廷征命，一心修道著书。后被明太祖朱元璋征为顾问。被尊为“五经师”，为太子朱标讲经。朝廷礼仪多为其制定。官至翰林学士承旨知制诰，担任《元史》总裁。被朱元璋誉为“开国文臣之首”。与高启、刘伯温并称为“明初诗文三大家”，与章溢、刘伯温、叶琛并称“浙东四先生”。学者称其为太史公、宋龙门。有《宋学士全集》75卷传世。

王冕（1287—1359）：字元章，号煮石山农，亦号食中翁、梅花屋主、竹斋等。浙江诸暨枫桥（今浙江绍兴）人，元朝著名画家、诗人、篆刻家。出身贫寒，幼年替人放牛，靠自学成才。性格孤傲，鄙视权贵，行为异于常人。常头戴高帽，身披绿蓑衣，足穿木齿屐，手提木制剑，引吭高歌，往返于市中。或骑黄牛，持《汉书》诵读，人以狂生视之。一生爱梅、种梅、咏梅、画梅。所画梅花花密枝繁，生意盎然，劲健有力，对后世影响较大。存世画迹有《南枝春早图》《墨梅图》《三君子图》等。诗作多同情人民苦难、谴责豪门权贵、轻视功名利禄、描写田园隐逸生活之作。有《竹斋集》等传世。

主课文

王冕者，诸暨[1]人。七八岁时，父命牧牛陇上，窃入学舍听诸生诵书。听已，辄默记，暮归，忘其牛。或牵牛来责蹊田[2]，父怒，挞之。已而复如初。母曰："儿痴如此，曷不听其所为？"冕因去，依僧寺以居。夜潜出，坐佛膝上，执策[3]映长明灯读之，琅琅达旦。佛像多土偶，狞恶可怖，冕小儿恬[4]若不见。

安阳韩性[5]闻而异之，录为弟子，学遂为通儒。性卒，门人事冕如事性。

时冕父已卒，即迎母入越城[6]就养。久之，母思还故里。冕买白牛，驾母车，自被古冠服随车后。乡里小儿竞遮道讪笑，冕亦笑。

著作郎李孝光[7]欲荐之为府史[8]，冕骂曰："吾有田可耕，有书可读，肯朝夕抱案立高庭下，备奴使哉？"每居小楼上，客至，僮入报，命之登，乃登。部使者行郡，坐马上求见，拒之去。去不百武[9]，冕倚楼长啸，使者闻之，惭。

冕屡应进士举，不中。叹曰："此童子羞为者，吾可溺是哉？"竟弃去。买舟下东吴，渡大江，入淮、楚，历览名山川。或遇奇才侠客，谈古豪杰事，即呼酒共饮，慷慨悲吟，人斥为狂奴。

北游燕都，馆秘书卿泰不华家[10]。泰不华荐以馆职，冕曰："公诚愚人哉！不满十年，此中狐兔游矣，何以禄仕为？"即日将南辕[11]，会其友武林[12]卢生死滦阳[13]，唯两幼女、一童留燕，伥伥无所依。冕知之，不远千里走滦阳，取生遗骨，且挈二女还生家。

冕既归越，复大言天下将乱。时海内无事，或斥冕为妄。冕曰："妄人非我，谁当为妄哉？"乃携妻孥隐于九里山。种豆三亩，粟倍之。树梅花千，桃杏居其半。芋一区，薤[14]、韭各百本。引水为池，种鱼千余头。结茅庐三间。自题为梅花屋，尝仿《周礼》著书一卷，坐卧自随，秘不使人观。更深人寂，辄挑灯朗讽，既而抚卷曰："吾未即死，持此以遇明主，伊吕[15]事业，不难致也。"

当风日佳时，操觚[16]赋诗，千百不休，皆鹏骞[17]海怒，读者毛发为耸。人至不为宾主礼，清谈竟日不倦。食至辄食，都不必辞谢。

善画梅，不减杨补之[18]。求者肩背相望，以缯[19]幅短长为得米之差。人讥之。冕曰："吾藉是以养口体，岂好为人家作画师哉。"

未几，汝颍兵起[20]，皇帝[21]取婺州[22]，将攻越，物色得冕，置幕府，授以咨议参军，一夕以病死。冕状貌魁伟，美须髯，磊落有大志，不得少试以死，君子惜之。

史官[23]曰：予受学城南时，见孟寀[24]言越有狂生，当天大雪，赤足上潜岳峰，四顾大呼曰："遍天地间皆白玉合成，使人心胆澄澈，便欲仙去。"及入城，戴大帽如簁[25]，穿曳地袍，翩翩行，两袂[26]轩翥[27]，哗笑溢市中。予甚疑其人，访识者问之，即冕也。冕真怪民哉！马不覂驾[28]，不足以见其奇才，冕亦类是夫！

（选自《宋濂散文选集》）

注释

［1］诸暨：今浙江诸暨市。

［2］蹊田：踩踏田间庄稼。蹊，踩踏。

［3］策：同"册"，即书册。

［4］恬：安然。

［5］安阳韩性（1266—1341）：字明善，浙江绍兴人，祖籍河南安阳。元代学者，理学家。曾被举为教官，不赴。卒后

谥庄节先生。著有《礼记说》等书。

［6］越城：今浙江绍兴市。

［7］李孝光（1285—1350）：字季和，浙江乐清人，元代诗人、学者。至正年间（1341—1370）任秘书监著作郎。

［8］府史：府衙小吏。

［9］武：半步叫武，一步为五尺。

［10］馆秘书卿泰不华家：住在秘书监长官泰不华家里。馆，住。泰不华（1304—1352），字兼善，世居白野山。西域伯牙吾台氏，色目人。曾任绍兴路总管。后召入史馆，参与编修辽、宋、金三朝史书，书成以后，授秘书卿。升礼部尚书。秘书卿为秘书监长官。

［11］南辕：车辕向南，即南归。

［12］武林：杭州的别称。

［13］滦阳：今河北承德一带，在北京之北。

［14］薤（xiè）：百合科植物，鳞茎可作蔬菜。

［15］伊吕：伊尹、吕尚。伊尹为商汤贤相，吕尚扶助武王灭殷建立周朝。他们是古代王佐的代表人物，功勋卓著。

［16］操觚(gū)：执简，即写作。觚，古人书写时所用木简。

［17］鹏骞(qiān)海怒：喻极有气势。鹏骞，大鹏高飞。骞，高飞。

［18］杨补之（1097—1171）：名无咎，字补之，临江清江（今江西省樟树市）人。宋代画家，善画梅。

［19］缯（zēng）：丝织物。

[20] 汝颍兵起：指韩山童、刘福通、徐寿辉等领导的元末红巾军起义。他们率先占领了汝宁府(今河南省汝南县)、颍州(今安徽省阜阳市)，故称汝颍兵起。

[21] 皇帝：指明太祖朱元璋。

[22] 婺州：治所在今浙江金华。

[23] 史官：作者自谓。

[24] 孟寀（cǎi）：生平不详。

[25] 簁（shī）：筛。

[26] 袂（mèi）：衣袖。

[27] 轩翥（zhù）：飞举的样子。

[28] 覂（fěng）驾：翻覆车驾。指不受驾驭。

参考译文

王冕，诸暨人。七八岁时，父亲要他在陇上放牛，他却偷偷地溜进学舍听课，听了就默默记住，竟忘了牵牛回家。常有人牵牛告状，责备说踩了他的庄稼。父亲生气，狠狠打他。过后他依然不改。母亲说："儿子这样痴迷，何不由他去呢？"王冕于是离家，住到寺庙旁，晚上出来坐在佛像大腿上，就着长明灯读书，声音清朗，直到天亮。佛像是土造，狰狞凶恶恐怖，王冕虽是孩子，好像没看到，一点也不怕。安阳韩性听说，重其个性，收他为弟子。王冕跟韩性求学后来成为通儒。韩性死后，其门人对待王冕就像对待韩性一样尊重。

当时父亲已去世，王冕把母亲接到绍兴奉养。时间久了，母亲思念故乡，于是他买了头白牛，驾着车送母亲回乡，自己穿戴着古式衣帽跟在车后。乡间孩童拦道观看，讪笑不已，王冕也跟着笑。

著作郎李孝光想推荐王冕做小吏，王冕骂道："我有田可耕，有书可读，为何还要整天抱着文案，站在官府让人奴役呢？"他住小楼上，门童报有客人了，他要客人爬上去，客人才可以上去。有官府使者经过，在马上要求见他，他拒绝了。使者离开不到几百步，他倚在楼上长啸，令使者很惭愧。

王冕多次考进士，都落榜。他叹道："这是小孩都羞于做的事，我怎可沉溺其中呢？"遂放弃。他雇船下东吴，过大江，入淮楚等地，遍游名山大川。有时遇到奇才侠客，谈及古时豪杰，就一起喝酒，吟诗抒怀，慷慨铿锵，被人骂为狂奴。

北游燕京时，他住在秘书卿泰不华家。泰不华推荐他到史馆供职，他说："你真是傻啊！不出10年，这里就要变成狐狸兔子的天下，还当什么官？"那天正要南归，得悉杭州的老友卢生死在滦阳，遗下两个幼女、一个书童在燕京，无依无靠，不知道该怎么办。王冕得知后赶赴滦阳，取回卢生骸骨，并送两个幼女回到她们家。

王冕回到绍兴，又竭力宣扬天下即将大乱。当时国内无事，有人骂他妄言。他说："我不说点妄言，还有谁敢说呢？"从此携妻儿隐居九里山。种豆3亩，粟6亩。种梅花千株，桃杏500。种薤和韭各100多棵，还有芋头。引水挖池，养鱼1000

多条。搭3间茅屋，自己题名梅花屋。还仿《周礼》写书1卷，随身带着，却不给人看。夜深人静时自己拿出来朗读，接着又抚书自叹：“只要我不马上死，持此书遇上明主，像伊尹、吕尚那样辅佐圣王的大业，就不难实现。”

风和日丽时，他挥笔写诗，千百首而不停，皆气势恢宏，令读者血脉偾张，毛发耸立。客来不行宾主之礼，日夜纵论天下，意气铿锵，不知疲惫。饭来就吃，不用推让。

他擅长画梅，不逊于宋代江西大画家杨补之。求画者很多，他以画卷长短论价。有人讥笑他这么做，他说：“我借此养家糊口，岂是喜欢给人画画。”

没多久，汝颍地区发生武装起义，迅速席卷江淮。朱元璋攻下婺州后，即将进攻绍兴，到处网罗人才，找到了王冕，请他入幕府，任命为咨议参军。谁知他一夜之间病故。王冕相貌魁伟，有副美髯，磊落有大志，还未一展才能就辞世了，有识之士为之惋惜。

笔者按：我在城南求学时，听孟宲说绍兴有个狂人，大雪天赤脚攀登潜岳峰，四顾高呼：“天地都是白玉做的，使人心胆清澈，吸引人登仙远去。”下山回城时，戴着筛子般的大帽，穿着拖地长袍，翩翩而行，衣襟飞舞，满街都是哄笑声。我想这能是谁呢？找到知情人一问，果然那人就是王冕！他真是个奇人啊！烈马如果不蹶蹄翻车抗拒驾驭，何以体现它的奇才呢，王冕也是这样啊！

赏析与写作指导

写活人物靠故事

写活一个人物，需用若干材料，材料就是故事。故事可多可少，一般需要三四个。本文用了 11 个故事，多了点。但王冕境遇和行为都与众不同，故事多，不多讲几个，不足以表现其独特性和丰富性。学舍听课、寺庙诵读、送母回乡、谢绝入仕、慷慨豪饮、帮助亡友、预言乱世、隐居耕读、画画养家、奇志待时、雪天品仙等，塑造了奇人王冕的形象。如果我们能读懂他所处的时代，即知奇人不奇，而是另有内涵。

咱们先看王冕的奇怪故事，再探讨他为何如此奇怪。

学舍听课。“王冕者，诸暨人。七八岁时，父命牧牛陇上，窃入学舍听诸生诵书。听已，辄默记，暮归，忘其牛。或牵牛来责蹊田，父怒，挞之。已而复如初。”

寺庙诵读。“冕因去，依僧寺以居。夜潜出，坐佛膝上，执策映长明灯读之，琅琅达旦。佛像多土偶，狞恶可怖，冕小儿恬若不见。”

送母回乡。“母思还故里。冕买白牛，驾母车，自被古冠服随车后。乡里小儿竞遮道讪笑，冕亦笑。”

谢绝入仕。“著作郎李孝光欲荐之为府史，冕骂曰：‘吾有田可耕，有书可读，肯朝夕抱案立高庭下，备奴使哉？’”“北游燕都，馆秘书卿泰不华家。泰不华荐以馆职，冕曰：‘公诚愚人哉！不满十年，此中狐兔游矣，何以禄仕为？’”

慷慨豪饮。“买舟下东吴，渡大江，入淮、楚，历览名山川。或遇奇才侠客，谈古豪杰事，即呼酒共饮，慷慨悲吟，人斥为狂奴。”

帮助亡友。“即日将南辕，会其友武林卢生死滦阳，唯两幼女、一童留燕，伥伥无所依。冕知之，不远千里走滦阳，取生遗骨，且挈二女还生家。”

预言乱世。“冕既归越，复大言天下将乱。时海内无事，或斥冕为妄。冕曰：‘妄人非我，谁当为妄哉？’”

隐居耕读。“乃携妻孥隐于九里山。种豆三亩，粟倍之。树梅花千，桃杏居其半。芋一区，薤、韭各百本。引水为池，种鱼千余头。结茅庐三间，自题为梅花屋。”

奇志待时。“尝仿《周礼》著书一卷，坐卧自随，秘不使人观。更深入寂，辄挑灯朗讽，既而抚卷曰：‘吾未即死，持此以遇明主，伊吕事业，不难致也。’当风日佳时，操觚赋诗，千百不休，皆鹏骞海怒，读者毛发为耸。”

画画养家。“善画梅，不减杨补之。求者肩背相望，以缯幅短长为得米之差。人讥之。冕曰：‘吾藉是以养口体，岂好为人家作画师哉。’”

雪天品仙。“当天大雪，赤足上潜岳峰，四顾大呼曰：‘遍天地间皆白玉合成，使人心胆澄澈，便欲仙去。’及入城，戴大帽如簁，穿曳地袍，翩翩行，两袂轩翥，哗笑溢市中。”

对一篇散文来说，塑造一个人物，并不需要 11 个故事。宋濂只是感动于王冕的特立独行和高迈志节，才不厌其烦地罗列其形状。

延伸知识

救世方略今何在?

众人都觉王冕表现怪异，却很少思考他为何如此怪异，更少细思他怪异的背后有何深刻原因和内涵。

比如曾经热衷于功名，却坚决不当官。他有两次入仕机会，都坚决辞谢。为什么？他曾游历祖国的南北河山，越发觉得元朝统治者对人民的不公平不合理，感受到深刻的民族矛盾，所以拒绝入朝做官。他游历塞北之后，画了一幅梅花，贴在墙壁上，并题诗：“冰花个个团如玉，羌笛吹它不下来。”表现了对元朝统治者的蔑视。他还预言这个入主中原的政权已经摇摇欲坠。所以他告诫朝廷命官泰不华：要不了 10 年，元朝首都就将变成狐狸野兽的乐园。他含蓄地预言了元朝的灭亡。

他放言无忌，当时官府想逮捕他，他赶紧回到南方，继续宣传他的预言：元朝死期快到了。为了避免在政权崩溃中遭受灭顶之灾，他主动隐居深山老林，耕读自养，同时研究经国治世方略，写成文字，以待圣主出现。

此事文中仅一笔带过，分析人物时却需格外关注。他不满于元朝统治，耕读于深山以待时变。他对太平盛世有自己的理想和方略，期待着“五百年必有王者兴”，届时好闪亮登场，建“伊吕事业”。可是，据史料记载，朱元璋兴起时，曾两次征召他，他都没有应征。第一次是文中所写，朱元璋攻取婺州，“将攻越，物色得冕，置幕府，授以咨议参军”，他没有出山。那是至正十八年（1358）。宋濂、刘伯温等名儒就是这次应征入幕的。至正十九年（1359），朱元璋再次征召，“以兵请冕为官。冕以出家相拒，并扩室为白云寺。旋卒于兰亭天章寺”。

宋濂《王冕传》和赵廷玉主编的《明史·王冕传》，都只说他拒绝入仕元朝，没有明确说他也拒绝入仕明朝，甚至以“一夕病卒”模糊事情真相。大概是为了给明王朝留点面子吧。

王冕为何宁愿出家，也不肯入仕明朝呢？他不是怀有“伊吕事业”的远大志向吗？

鄙意以为，像王冕、施补华（《别弟文》作者）这种贫寒子弟，对王朝和政治中的黑暗面十分敏感，内心难免有种疏离感，任何时候都不会倾力去钻营。王冕既痛恨元朝的民族压迫政策，也不认为朱元璋是一代圣主，所以宁愿怀抱金玉之志老死深山，而不愿意混迹官场。

王冕并非一个穷困潦倒、疯疯癫癫的落魄文人，而是一个胸怀天下、守志不阿的理想主义者。孟子在总结伯夷的性格特点时指出：“非其君不事，非其民不使；治则进，乱则退，伯夷也。”王冕就是这样一位“非其君不事”的、有节操的儒者。

王冕不但是一位名重一时的篆刻家、名垂千古的画家，也是一位杰出诗人。试看其《悼止斋王先生三首·其三》诗句：

三月燕山听子规，追思令我泪垂垂。
虽然事业能经世，可惜文章未际时。
霜惨晴窗琴独冷，月明秋水剑双悲。

山河万里人情别，回首春风说向谁？

此诗较好表达了他的心境。“虽然事业能经世，可惜文章未际时。”他知道自己没有呼风唤雨的机会。

“霜惨晴窗琴独冷，月明秋水剑双悲。”他对乱世持冷眼相向的疏离态度，只得以疯疯癫癫的外形包裹他琴冷剑悲的深刻孤独。

正所谓：“救世方略今何在？金玉埋在九里山。”

副课文

曾国藩秘荐李鸿章

文正每日黎明，必召幕僚会食。而江南风气，与湖南不同，日食稍晏。傅相欲遂不往，以头痛辞。顷之差弁络绎而来，顷之巡捕又来，曰：“必待幕僚到齐乃食。”傅相披衣踉跄而往，文正终食无言。食毕，舍箸正色谓傅相曰：“少荃既入我幕，我有言相告。此处所尚，惟一诚字而已。”遂无他言而散，傅相为之悚然。盖文正素稔（rěn）傅相才气不羁，故欲折之使就范也。

傅相初掌书记，继司批稿奏稿。数月后，文正谓之曰：“少荃天资于公牍最相近。所拟奏咨函批，皆有大过人处，将来建树非凡。或竟青出于蓝，亦未可知。”傅相亦自谓从前历佐诸帅，茫无指归，至此如识南针，获益非浅。

既而文正进驻祁门。傅相谓祁门地形如在釜底，殆兵家之所谓绝地，不如及早移军，庶几进退裕如，文正不从。傅相复力争之。文正曰:“诸君如胆怯，可各散去。”会皖南道李元度次青率相守徽州，违文正节度，出城与贼战而败，徽州失陷，始不知元度存亡。久乃出诣大营，又不留营听勘（听候勘问、审讯），径自归去。文正将具疏劾之。傅相以元度尝与文正同患难，乃率一幕人往争。果必奏劾，门生不敢拟稿。文正曰:“我自属稿。”傅相曰:“若此则门生亦将告辞，不能侍留矣。”文正曰:“听君之便。”

傅相乃辞，往江西。闲居一年，适官军克复安庆，文正移建军府焉。傅相驰书往贺，文正复书云:“若在江西无事，可即前来。”傅相乃束装赴安庆，文正复延入幕，礼貌有加于前。军国要务，皆与筹商。明年吴中绅士，雇轮船来迎援师。文正奏遣傅相募淮军赴沪上，而密疏荐其才大心细，劲气内敛，可胜江苏巡抚之任。抵沪未及一月，奉命署理江苏巡抚。练兵选将，克复苏、常、嘉兴等郡。遂实授巡抚，加太子少保，赏黄马褂双眼花翎，封一等肃毅伯，勋名几与文正相并。距出幕府时，仅逾两年耳。

未几，绩望日隆，卒蒇（chǎn，完成）文正未竟之绪。文正之志业，傅相实继之。同治十一年，文正薨于两江总督官廨，傅相邮寄挽联云:“师事近三十年，薪尽火传，筑室忝为门生长；威名震九万里。内安外攘，旷世难逢天下才。”盖纪实也。

——〔清〕佚名《咸同将相琐闻》

思考与训练

如果将本文缩写为一篇300字的短文，最应该保留的材料，是哪几个？以下是缩写范文，请习者评议一番，这样缩写是否是最佳方案？

王冕，字元章，诸暨人。幼贫，父使牧牛，窃入学舍，听诸生诵书，暮乃返，亡其牛，父怒挞之，已而复然。母曰："儿痴如此，曷不听其所为。"冕因去依僧寺，夜坐佛膝上，映长明灯读书。安阳韩性闻而异之，录为弟子，遂称通儒。性卒，门人事冕如事性。屡应举不中，弃去，北游燕都，馆秘书卿泰不华家，拟以馆职荐，力辞不就。既归，每大言天下将乱，携妻孥隐九里山，树梅千株，桃杏半之，自号梅花屋主，善画梅，求者踵至，以幅长短为得米之差。尝仿《周官》著书一卷，曰："持此遇明主，伊吕事业不难致也。"太祖下婺州，物色得之，置幕府，授咨议参军，一夕病卒。

——《明史·王冕传》

第三课 别弟文

〔清〕施补华

题解

作者弟弟远道来新疆探亲，准备重返家乡时，施补华给同患难、共贫寒的弟弟，写了这篇送别文。文章回顾了母亲养育的艰辛与深恩，劝诫弟弟及后嗣，不要强求富贵，永远自食其力，恪守普通人的平安与幸福。这是一篇底层人不谋富贵、甘守本分、居卑守微的家训。

人物故事

施补华（1835—1890）：字均甫，浙江乌程县（今浙江省湖州市）人。同治九年（1870）举人。沉默少言，人疑其骄，多有诽谤。有人向祁寯（jùn）藻推荐，不见重。复荐于曾国藩，曾国藩乃桐城派传人，施补华却当面批评桐城派。因疾就医外地，国藩亦不再召回。受荐入左宗棠幕府，声名不显。后从西北军，保官至知府。光绪三年（1877），随军入新疆，任事于嵩武军提督张曜（yào）幕下，颇受重用。后辅佐张曜（时任山东巡抚）治理黄河，功勋卓著，晋升道员。张曜钦其学行，重其才干，正密荐朝廷委以重任，施补华突然病故。张曜哀哭甚痛，赠万金归葬之，刊其遗集。补华诗文朴素深沉，气象雄阔，有《泽雅堂文集》等传世。

主课文

光绪八年[1]十月，施子之弟自喀什噶尔[2]还湖州，施子饮之以酒，告之曰：

吾家故寒敝也，今之所有已为异数矣。夫巨富中落，而余千金之产，湫然[3]不可为生；贫人得十金以为资本，则左宜右有[4]。所处之势异，所操之术殊也。此行归资之外，赢数百金，岂非贫人之雄乎？以此坐市上权量[5]百货，贱入贵出，逐什一之利，终岁之所获，足以赡妻子。营心与力，非所耻也，贤于为官者夺民以肥己。

吾忆道光二十又九年[6]，吾父弃养[7]，吾年十五岁，尔年九岁。家无一笥[8]衣、一贯钱，租屋而居，月偿其值。岁又大凶[9]，米价十倍。吾母晨起坐络丝[10]，率至夜半，得钱一百，籴[11]米作粥，杂以菜根豆屑，母子乃得半饱。一日不络丝，即忍饥清坐。人有问之，则曰已食毕矣。吾痛母氏之勤，涕泣自奋，读书不熟，至啮其指，血斑斑洒书本。尔亦拾薪担水，任炊爨[12]，暇坐母侧，亦学络丝。姻连族党，恐其开口假贷，不敢至吾门。母氏亦戒勿往来，虑为所厌。甚者议先大夫好施与，勿为子孙计，至有今日。尤笑吾读书，谓渠[13]谋食不暇，尚想作秀才，取饿之道也。当是时，视邻里之有父而温饱者，如天上人，尔年虽小，不应忘之。

其后门户稍立，咸丰十年，寇乱又作。吾随赵忠节[14]公守城，至同治元年，城中粮尽，全家啖马肉，并煮牛羊之革左之。五月城破，吾负母而逃，掘野菜充饥，母子十月身亡寸棉。尔为贼掠几死，脱去至家，形色非人，疾病疮痏[15]，相替而作。其饥寒视[16]道光之末，而颠危忧困过之。管仲[17]告齐桓公曰："愿君勿忘在莒[18]，臣亦念堂阜[19]之囚。"故而与他人校[20]，则诚不足；以一身先后自校，尔亦苦尽之甘，否极之泰矣。

老氏有言："知足不辱。"以今日为过望则乐，犹有奢望，则辱在其后。吾在军中，不无多费，然每对盛馔[21]，念先人未及食也；每御华服，念先人未及衣也。甘在口，适在体，而痛在心。禄养既不逮，得立功名天壤间，使姓氏不朽，先人而有知，含笑地下矣。蹉跎中岁[22]，此志不衰。至于富贵之乐，不能享，亦不忍享也。

人须自量其力，吾才识学问，实过于尔，欲有所成就为先人光；尔则自安愚分，积铢累寸，以足衣食，持门户，保子孙，抑其次也。彦诒[23]长矣，持此篇归，使读其词而识其意，莒与堂阜，居之终身可也，告之后嗣可也。

（选自《晚清文选》）

注释

[1] 光绪八年：1882年。

[2] 喀什噶尔：今新疆喀什市。

[3] 湫（qiū）然：忧愁悲伤貌。

[4] 左宜右有：干什么都得心应手，顺利，犹言左右逢源。

[5] 权量：衡量，选择。

[6] 道光二十又九年：1849年。

[7] 弃养：父母去世的婉称。父母去世则不得儿女的奉养，故称弃养。

[8] 笥（sì）：盛饭或衣物的方形竹器。

[9] 岁又大凶：年成不好，谷物歉收。

[10] 络丝：把丝线缠绕在络子上。

[11] 籴（dí）：买粮食。

[12] 爨（cuàn）：烧火做饭。

[13] 渠（qú）：代词，他。

[14] 赵忠节：指湖州道员赵景贤（1822—1863）。太平军忠王李秀成在咸丰十年（1860）以重兵围湖州城，赵景贤组织乡勇抵抗，数度打退太平军，至同治元年（1862）正月城陷被俘。同治二年（1863）三月被杀。

[15] 疮痏（wěi）：指疮疡，伤痕。又比喻痛苦、灾难。

[16] 视：比照，相同。

[17] 管仲：春秋霸主齐桓公的宰相，功勋卓著的政治家。孔子曾经盛赞管仲说：如果没有管仲，我们恐怕会变成野蛮人。

［18］莒（jǔ）：西周时诸侯国之一，其地在今山东莒县。齐桓公曾投奔莒，后返回齐国争夺君位。

［19］堂阜：齐国地名，在今山东蒙阴县西北。管仲曾在堂阜脱去囚犯缚绳，被鲍叔牙推荐担任齐相。

［20］校（jiào）：比较。

［21］盛馔（zhuàn）：美食。

［22］蹉跎中岁：庸庸碌碌混到中年。

［23］彦诒：作者弟弟的儿子。

参考译文

光绪八年（1882）十月，胞弟从喀什噶尔启程回湖州，我设酒宴为他饯行，告诫说：

我们家以前贫寒，能有现在的好光景已是奇迹。巨富败落，即使剩余千金之产，还要担心生活没法过；穷人即使只获十金起家，干什么都得心应手。所处境遇不同，治家格局也不同。你此行除了盘缠，还有数百金富余，难道不是穷人中的富豪吗？用这些资金到市场上选购百货，低价买进，高价卖出，赚十分之一利润，一年的收入，足以养活老婆孩子。这是靠自己的心智和劳动赚钱，不是什么丢人的事。这比当官掠夺民财占为己有光荣得多啊。

我想起道光二十九年（1849）父亲辞世，我才15岁，你才9岁。家无一筐衣、一贯钱，租房子居住，每月交租。要是遇上收成不好的年景，米价是往年 10 倍。我们的母亲清晨就起床，给别人络丝，一直干到半夜，才有 100 文报酬，买米煮粥，杂以菜根豆屑，咱母子 3 人只能吃个半饱。少一天没有络丝的活，我们就只能饿着肚子干坐。有人问候吃饭了吗？我们就说刚吃过。我心疼母亲如此劳苦，流着眼泪下决心，一定要立志自强。书读不熟，就咬破手指，赶走疲倦接着读，鲜血滴在书本上。你拾柴挑水，负责做饭熬粥，有空就坐在母亲身边，也学着络丝。同族和亲戚，担心我们开口借钱，都躲着不进我们家门。母亲也告诫我们，不要去亲族家，免得讨人厌恶。有人甚至批评先父生前乐善好施，散尽家财，不为子孙后代着想，才有今日之困苦。他们尤其喜欢嘲笑我发奋读书，说我饭都吃不上，还妄想当秀才，能不挨饿吗？那时候，我们看邻里有父亲疼爱、能得温饱的人，那简直就是天上的神仙啊。你虽然年小，这些一定也还记得。

后来勉强自立门户，到了咸丰十年，太平军起事，天下大乱。我跟随赵景贤道员守湖州城，坚持到同治元年，城中粮尽，全家吃马肉，煮牛羊皮制品凑数。五月城破，我背着母亲逃难，挖野菜充饥，天气渐寒，母子没有一件厚衣服。你被太平军抓去，差点死了，逃回家时，贫弱憔悴不像个人样，多种疾病，交替发作。贫困饥寒，几乎跟道光末年一样，而颠簸忧愁比那时更为严重。管仲劝告齐桓公说："希望君上不要忘记流亡在莒国的困境，臣也不忘囚禁在堂阜的苦难。"咱们家今天的境况，与他人比较，固然不算什么；跟自己的过去比较，你我算是苦尽甘来、否极而泰了。

老子有言："懂得满足就不会受到耻辱。"把今天的境况看作超过期望，就会知足而乐，如果还有过分的奢望，老是奔波钻营，往后难免受辱。我在军中，待遇已算优厚，然而每次面对美味佳肴，都怜惜父母没有吃过；每次穿上华服，都怜惜父母没有穿过。吃着爽口的饭菜，穿着华贵舒适的衣服，心里却总是隐隐作痛。奉养父母已经没有机会，必须建人间功业于天地之间，使家族绵延不绝，先人魂魄有知，一定会含笑九泉。蹉跎岁月，一晃已到中年，此志一直坚定不移。至于富贵之乐，不能享，也不忍享啊。

人须自量其力，我的才识学问，比你强些，所以想有所成就，为祖先争光；你则应该安守本分，积铢累寸，以足衣食，支撑门户，养育子孙，尚在其次。侄子彦诒已经长大了，你把这篇文章带回去，让他读完后能够明白其中的内涵和意旨，莒国与堂阜的苦难，应该终身记取，应当这样告诫子孙后代。

赏析与写作指导

居卑守微的家训

古语云，文如其人。信哉斯言！贫寒出身的施补华，在其事业的高峰期，给家族后人留下了这份居卑守微的家训。其中况味，何其丰富。

施补华少年丧父，在饥寒交迫中发奋学习，对于宇宙大化、人间文史、世态沧桑，有自己独特而又刻骨的理解，因而有异于俗流。于是多沉默不语，沉浸在自己的内心世界中。当他入幕谋生，也不爱炫才逞能，不谋出人头地，而是安静低调地做事。能够入曾国藩幕府服务，本是脱颖而出的好机会，但他内朴外素，不阿权贵，一心坚守自己的本真理念和趣味，在桐城派传人曾国藩面前，敢于对桐城派弊端提出批评，故而命运多蹇，难得荣华富贵。

这篇《别弟文》的风格，就是他的为人风格。心态平静，面貌朴素，手法简单，行文自然，毫无渲染与雕琢。

文章起因是，施补华入幕多年，小有积蓄，特将此积蓄交给弟弟带回家，嘱他开家小店（而不要用于冒险），以图过上温饱生活。为了告诫弟弟合理使用这笔钱，他说："巨富中落，而余千金之产，湫然不可为生；贫人得十金以为资本，则左宜右有。所处之势异，所操之术殊也。此行归资之外，赢数百金，岂非贫人之雄乎？以此坐市上权量百货，贱入贵出，逐什一之利，终岁之所获，足以赡妻子。营心与力，非所耻也，贤于为官者夺民以肥己。"——靠劳动吃饭，凭辛苦谋生，任何时候都不要贪图富贵，他把自己这种本分的处世态度，作为家训，传授于弟弟。

这种本分的处世态度，乃是在艰苦备至、寒凉透骨的成长过程中形成的。作者追溯了他们共同的苦难经历，以此警醒弟弟的悟性，希望他真正领会自己的意旨。

先说母亲的艰辛："吾父弃养，吾年十五岁，尔年九岁。家无一笥衣、一贯钱，租屋而居，月偿其值。岁又大凶，米价十倍。吾母晨起坐络丝，率至夜半，得钱一百，籴米作粥，杂以菜根豆屑，母子乃得半饱。一日不络丝，即忍饥清坐。人有问之，则曰：‘已食毕矣。’”

后说为兄的发奋：“吾痛母氏之勤，涕泣自奋，读书不熟，至啮其指，血斑斑洒书本。”

再说弟弟的努力：“尔亦拾薪担水，任炊爨，暇坐母侧，亦学络丝。”

最后总叙孤儿寡母被所有亲友抛弃和蔑视的悲凉境遇：“姻连族党，恐其开口假贷，不敢至吾门。母氏亦戒勿往来，虑为所厌。甚者议先大夫好施与，勿为子孙计，至有今日。尤笑吾读书，谓渠谋食不暇，尚想作秀才，取饿之道也。当是时，视邻里之有父而温饱者，如天上人，尔年虽小，不应忘之。”

这一段是重点，作者也只是简笔白描，平淡叙之。当年“涕泣自奋，至啮其指”的激越行为，表明那时他颇有崛起于绝境、谋求家族复兴的磅礴意志，本可感叹一番，可他毫无渲染之意。万里风云眼底过，百世沧桑笔下平。一切苦难都不值得计较，只是化作平和淡泊、清心寡欲的人生态度。这个态度的基本内容，就是不以害国掠民谋富贵（贤于为官者夺民以肥己），只图自食其力守卑微（营心与力，足以赡妻子）。这是他要告诫弟弟的核心意思。

另一个重点可能令所有读者禁不住心头一震。“吾在军中，不无多费，然每对盛馔，念先人未及食也；每御华服，念先人未及衣也。甘在口，适在体，而痛在心。”

一个不忘初心的贫寒子弟，其痛彻体验，既非其长官所能体会，也非其弟弟所能理解。他把内心最隐秘的痛，告诉弟弟，然而也不事铺张，不事华彩，只是点到为止。他只是一个不太显赫的将军的幕僚，远非富贵。可能他起点太低，对比太强烈，感受之敏锐丰富，远超群伦。这正是他形成居卑守微、知足远辱理念的感情依托。吾夏三千年文学史，言及此痛者，仅此一见矣。这篇散文，应该成为华夏文学史上的名文。

作者施补华怀金玉之心，奔波半生，只图以幕僚谋生，先后被呼风唤雨的祁寯藻、曾国藩、左宗棠所遗弃，仅得左宗棠部将张曜所赏识。张曜靠围剿捻军和太平军而崛起于军帐，后随左宗棠远征新疆，消灭了入侵的英军和阿古柏，收复南疆地区。他内心的朴素与本分，可能跟施补华很对路，故能体察其金光玉润。作者能一手交给弟弟几百大洋，恰是得益于张曜对他的重用重赏。

可能他的地位和收入激发了弟弟心底的渴望，也想拜托兄长介绍他出山仟职，谋求富贵。施补华直言诫之曰：“人须自量其力……尔则自安愚分，积铢累寸，以足衣食，持门户，保子孙，抑其次也。”甚至进一步告诫侄子和后裔，并不是所有人都能够、都应该像齐桓公和管仲那样从“莒与堂阜”愤然而起，成就叱咤风云的大业，你们还是平静地安守“莒与堂阜”吧，世世代代“居之终身可也”。

为什么呢？“知足不辱。”那种大起大落，都是命定的悲剧，咱们不过是升斗小民，何必去冒险受辱呢？居卑守微，自食其力，香火绵延，告慰先祖，才是我们普通人的幸福所在。

历史上颇有一些豪杰，从底层而崛起为叱咤风云、驾驭天下的大人物，可是他们不提携家人，而是任由家族居卑守微，平安绵延。他们都是大彻大悟的人杰啊。施补华虽然一直平凡，也有此彻悟，这从一个侧面证明，他是个不同凡响的平凡人。

延伸知识

崇祯光绪年号及其政治意义

主课文以“光绪八年十月”开头，表示事件发生的时间，这是中国古代发明的一种特殊纪年方法。“光绪”二字，是清代皇帝德宗载湉的纪年。德宗在位 34 年，所以清末以“光绪”纪年长达 34 年。

先秦至汉初帝王，均无特定年号。比如《史记·秦始皇本纪》写秦始皇登基之后史事：“晋阳反，元年，将军蒙骜击定之。二年，麃公将卒攻卷，斩首三万。三年，蒙骜攻韩，取十三城。”只是按顺序称之为元年、二年、三年。

汉武帝即位，在年数之前加上有纪念意义的名号，是为中国古代帝王年号之始。汉武帝在位 54 年，先后用过 11 个年号，建元、元光、元朔、元狩、元鼎等。有的年号用 6 年即改，有的用 4 年即改。汉武帝狩猎时，捕获一只独角白麟，大家认为这是吉祥物，值得用来纪年，于是改年号为“元狩”，称那年（前 122）为元狩元年。6 年之后，在山西汾阳地方获得一只三足宝鼎，大家认为这是吉兆，当用以纪年，于是改年号为“元鼎”，称那年为元鼎元年（前116）。

后世新帝王即位时，为了区别于上一任帝王，重新计算在位年数，都给自己取一个吉祥名字作为年号名，一般从登基第二年起改年号。汉武帝发明的纪年方法，于是成为沿用2000多年的制度。人们把起用新年号之年称为“纪元”，改换年号叫作“改元”。

汉唐宋各代帝王，喜欢经常改元，所以在位时间长的帝王，往往有很多年号。比如汉武帝有11个年号，汉顺帝7个，唐高宗14个，武则天13个，宋仁宗9个。明清帝王则只用1个年号，明太祖朱元璋在位31年，一直用“洪武”纪年。明成祖在位22年，一直称永乐。后来人们逐步习惯于用年号指称该帝王，而不用其庙号，比如，清代康熙、雍正、乾隆、光绪都是有名年号，后人都用这些年号来指称该帝王，至于他们的庙号“清圣祖、清世宗、清高宗、清德宗”，人们反而很少提及。

中国年号制度，对周边国家产生过深远影响，朝鲜、日本、琉球、越南等国，都采用帝王年号纪年，有的国家还曾经直接用中国帝王的年号纪年，以表示对宗主国的忠诚。

中国古代规定，每年正月初一为一年之始，名为“正朔”。究竟哪一天为正朔，必须以朝廷颁布的历法为标准。颁布历法乃是国家主权的一部分，定正朔也就被看作主权行为。新帝王即位，自命年号，被称作“奉正朔”，标志着该帝王乃是华夏正统的继承者。如果某人拒绝使用新帝王的年号，意味着不承认其正统地位，那可是杀头凌迟大罪。

满族入关建都北京之后，明代皇室先后在南方各地建立弘光政权、鲁王监国、隆武政权、绍武政权、永历政权，最后还有郑成功在福建、台湾坚守明祚。他们且战且退，流浪于江苏、浙江、福建、广东、广西等地以及现缅甸部分地区，各有年号，表示不承认清政权的正统性。清代大作家戴名世，在《与余生书》一文中，引述方孝标《滇黔纪闻》所述南明年号，并表示自己有志于纂修包括南明政权在内的明代全史。

该文曰："……昔者宋之亡也，区区海岛一隅，仅如弹丸黑子，不逾时而又已灭亡，而史犹得以备书其事。今以弘光之帝南京，隆武之帝闽越，永历之帝两粤、帝滇黔，地方数千里，首尾十七八年，揆以春秋之义，岂遽不如昭烈之在蜀，帝昺之在崖州，而其事渐以灭没？"作者直接写出南明政权弘光、隆武、永历三个年号，又将南明小王朝与三国时期川中蜀汉、南宋末年退守崖州的宋帝昺相提并论。康熙帝认为这是大逆不道，立即处死戴名世，牵累受害者甚众。

戴名世著文时，南明政权早就成为历史，他只是想发掘、叙述那一段历史，竟然被处以极刑，可见清代文字狱何等残酷。

另一方面，也说明年号具有强烈的政治色彩，它是一国文化主权，是国家主权的象征符号之一。如果一国使用他国年号，就是表示愿意放弃自己的国家主权，一心效忠于他国，成为该国藩属国。

既然年号具有如此强烈的政治性，对一国历法和年号的坚守，实际上就是对国家主权、国家正统地位的坚守。郑成功一直沿用南明永历年号，表示与清廷势不两立。朝鲜民间则沿用明末崇祯年号，一直用到崇祯300多年，用以表示对明王朝正统地位的眷恋。

副课文

太平军占领金陵

洪军（洪秀全军）既踞武昌，遂乘势东下，步骑夹岸，旂旗蔽野，帆樯如云。诸王皆衣黄袍，侯以下衣红，绣龙织凤，间以云物及麟狮鸾鹤之属，冠亦如之。时据船楼上置酒会饮，悬灯张彩，夜半照耀如火龙。后舱则鸣金擂鼓，丝竹间作，如世俗之戏十番者。长江数千里，仅于老鼠峡、东梁山两遇官兵，未及交绥（敌对双方军队刚接触即各自撤退）而退。

总兵恩长（满人）、陈胜元中炮落水死，而两江督陆建瀛，缩首金陵矣。建瀛之初出师也，中军以下属櫜鞬（装甲胄、弓箭的袋子），将弁整队伍，敬候大帅祭旗，而建瀛久不出，则与爱姬执手涕泣，不忍遽别也。

按，陆氏之遁还金陵闭户不出也，或谓其婿、女为洪军所掳。洪氏致书于陆，言将假道入浙，决不相犯。如肯让路，即放还婿及女，否则加以极刑云。陆得书，不知所措。会前队战殁，遂狼狈而逃。俞仲华撰《荡寇志》，称宋江掠蔡京婿胁和，影射陆事也。

——〔清〕佚名《咸同将相琐闻》

思考与训练

1.《孟子·公孙丑上》第二章，列举了伯夷、伊尹、孔子三位圣人略有差异的人生态度："非其君不事，非其民不使；治则进，乱则退，伯夷也。何事非君，何使非民；治亦进，乱亦进，伊尹也。可以仕则仕，可以止则止，可以久则久，可以速则速，孔子也。皆古圣人也，吾未能有行焉；乃所愿，则学孔子也。"

本文作者施补华，出身寒门，不事投机钻营，而是抱朴见素，宁静淡泊，颇有"可以仕则仕，可以止则止，可以久则久，可以速则速"的平和自然心态。可见，境界高远的圣人，不光存在于历史教科书的名人榜中，更存在于社会的各个角落和无人眷顾的荒野中。请用心观察，你身边那些并不显赫的平凡人中，是否有这种修为超远、境界阔大的人杰？

2. 清代体制内人士，凡是提到洪秀全太平天国起义军时，一律称为“贼军”，唯独《咸同将相琐闻》以中性“洪军”称之（“洪军既踞武昌”“洪军或穿隧以迎”等），这表现了该书作者什么态度？该书出版传播时为什么没有署作者姓名，以至于长期佚名传世？

第四课 荔枝图序

〔唐〕白居易

题解

荔枝产于广东、福建等南方省份，唐代巴峡亦有荔枝。元和十四年（819），白居易由江州司马升任忠州（今重庆忠县）刺史，第二年命画工绘了一幅荔枝图，并亲自为之作序，以方便北方人了解荔枝。

人物故事

白居易（772—846）：字乐天，号香山居士，祖籍太原，出生于河南新郑。与李白、杜甫并称三大诗人，有“诗魔”“诗王”之称。代表作《琵琶行》《长恨歌》《卖炭翁》流传甚广。

主课文

荔枝生巴峡[1]间，树形团团[2]如帷盖[3]，叶如桂[4]，冬青；华如橘[5]，春荣[6]；实如丹，夏熟；朵如葡萄，核如枇杷，壳如红缯，膜如紫绡[7]，瓤肉莹白如冰雪，浆液甘酸如醴酪[8]，大略如彼，其实过之。

若离本枝，一日而色变，二日而香变，三日而味变，四五日外，色香味尽去矣。元和十五年[9]夏，南宾守[10]乐天，命工吏[11]图而书之，盖为不识者与识而不及一二三日者云。

（选自《白居易选集》）

注释

［1］巴峡：指唐代的巴州和峡州，在今重庆市、四川省西北部和湖北省西部。

［2］团团：圆圆的。

［3］帷盖：四周带围帐的伞盖。

［4］桂：常绿小乔木，叶为椭圆形，与荔枝叶相似。

［5］华如橘：花朵像橘树花。

［6］春荣：春天开花。荣，开花

［7］绡（xiāo）：生丝织品。

［8］醴酪：甜酒和奶酪。

［9］元和十五年：820年。元和，唐宪宗年号（806—820）。

［10］南宾守：南宾郡太守。南宾即忠州（今重庆市忠县）。

［11］工吏：在官府当差的工匠，这里指画工。

参考译文

荔枝生长在巴州和峡州一带。树冠圆圆的，像四周带帷帐的伞盖。叶像桂树叶，冬季依然绿；花像橘树花，春天开放；

果实的颜色像丹砂那样红，夏季成熟。果实聚成簇，像葡萄，核像枇杷核，壳像红绸，膜像紫绸，瓤肉像冰雪一样晶莹、洁白，浆液像醴那样甜，像酪那样酸。关于荔枝，大略如上所说，实际的情况更为可爱。

假如果实离开树枝，一天颜色改变，两天香味改变，三天味道改变，四五天以后，色香味全消失。元和十五年（820）的夏天，南宾郡的太守白乐天，让画工画成一幅荔枝图，并写上这篇序，用以告诉没有见过（荔枝）的人，以及虽见过却没看到它三天以内变化情况的人。

赏析与写作指导

说明文的剪裁

此文连标点符号155字，把荔枝介绍得十分明白生动。其介绍顺序是：产地、树形、树叶、花、果实形态（朵）、核、壳、瓤肉、浆液口味等。每个要素只几个字，打个简单比方就交代清楚了，其简洁明了，叹为说明文之极。最后交代写此文的目的，这在说明文中不多见。

学习本文，应抓住其说明顺序（由远而近）和说明方法（打比方）。

另外，剪裁永远是最紧要的，即使是写说明文，也得讲究剪裁。不善剪裁者可能把简单事物复杂化，水牛拉屎一大堆，还让人不得要领。善于剪裁者，则可把复杂事物简单化，让人一看就明白。

本文的剪裁，保留对荔枝产地、树形、树叶、花、果实形态的最简单介绍，其他枝枝蔓蔓全都不要——剪了，裁了。

白居易信手拈来的几句说明文，显示了大师的非凡功力。

延伸知识

15 岁少年写名诗

白居易，神童也。3 岁识字，5 岁诵诗，10 岁出口成章。15 岁那年，在考场上一挥而就，写成《赋得古原草送别》，吟出“野火烧不尽，春风吹又生”的千古佳句。这年他只身一人，独闯京城，拜访名流。著名诗人顾况，接过其诗集，一看署名白居易，调侃说：“长安米贵，居之不易。”打开诗卷，读到“野火烧不尽，春风吹又生”时，不禁击节赞叹，脱口说出：“有才若此，居亦何难，老夫前言戏之尔。”顾况倾力推荐，白居易一时名满京华。

白居易登科后，官至翰林学士，参与国政，为皇帝拟写诏书，颇有安邦定国、兼济天下之志。元和十年（815）因官场倾轧，贬任江州（今江西九江）司马，深感力量渺小，心态发生变化，转而关注内心世界。他在庐山交游僧人，避世草庐，修心养性。同时也更为关注民间疾苦，诗歌创作更加接近现实生活。

白居易辞世那年，唐宣宗李忱(846—859 年在位)登基为帝。他为白居易写悼诗曰：“缀玉联珠六十年，谁教冥路作诗仙。浮云不系名居易，造化无为字乐天。童子解吟长恨曲，胡儿能唱琵琶篇。文章已满行人耳，一度思卿一怆然。”此诗撇开白居易官宦生涯与成就，但论其文学创作和精神世界，对文学家白居易概括得非常准确。

副课文

曾国荃苦攻南京城

宫保威毅伯曾公之围金陵也，猛攻二年，盛暑鏖兵，迄不能下。自朝阳门至钟阜门，开地道三十三处，篝火而入，地崖崩而窟塞，则纵横聚葬于其中。洪军或穿隧以迎。我薰以毒烟，灌以沸汤，则矫者幸脱，而悫者就歼。盖每穿一穴，为洪军所觉而将士须臾殒命者，率常数十百人。

一日穴地已过城根，洪军未觉，会有以枪插地者，穴内军士见枪首入，则疑洪军已觉而刺之也，急以手引枪入地数尺。洪军始知官军在地下，复迎击之，官军或退或死。复开地道，或为山石所隔，或将近城根。李秀成登陴遥望，见其上草色，辄知下有地道。

官军克天堡城，即所谓龙脖子者也，在太平门外，高踞钟山之顶，俯瞰城中。提督李臣典与曾公密商排巨炮三层于其上，昼夜对城轰击，无一息停。城堞皆颓，贼不能立足。曾公始下令军士，各持柴草一束，掷之城下，高与城齐，示将由此登城者。洪军并力严备，不暇他顾，又隔于柴草，不能瞭望。

官军于近城龙脖子山之下，觅得一隧。乃前数月所开，为洪军所觉而中废者。曾公知洪军不复防此道，派千人由此挖至城下，实火药三万斤于其中，封筑完固，填以大石。口门留一穴，以粗竹数丈为引线，贯入穴中。竹内用大布数匹，包火药实之。及期，各军严阵以待。火始入时，但闻地中隐隐若雷声，约一点钟之久，俄而寂然。众又以为不发矣，忽闻霹雳砰訇，如天崩地坼之声。城垣二十余丈，随烟直上。万众属目，咸见是城耸入云霄也。大石压下，击人于一二里外，死者数百人。

诸军由缺口冲入，其上有黑云一阵随之。既而城中火起，共见火光中有若金星一个，腾入云端，继有白光一道冲上。盖皆宝气所化也。先是，咸丰三年，洪军之陷金陵也，募得一黔人善挖煤者，掘地道自仪凤门入。及官军围金陵，黔人复在军中。曾公使掘地道，自太平门入。噫！一省垣也，而得失系于一挖煤者之手，亦异矣。曾文正公既至金陵，修治缺口，镵（chán）石识其处。铭曰：“穷天下力，复此金汤，苦哉将士，来者勿忘。”

吾闻诸口碑：湘军之破金陵也，外城既陷，内城洪党已潜突围出，以图再举。内城空无人马，然二日犹不敢进，唯于城外大肆淫杀，死者至十万余人。其后曾文正出奏，乃借口贼党无一肯降者。呜呼！冤矣。

——〔清〕佚名《咸同将相琐闻》

思考与训练

1000 多年前，15 岁的少年白居易，写了一首《赋得古原草送别》，十分精彩，值得今天的少年背下来：

离离原上草，
一岁一枯荣。
野火烧不尽，
春风吹又生。
远芳侵古道，
晴翠接荒城。
又送王孙去，
萋萋满别情。

第五课 晏子善谏

〔西汉〕韩婴

齐景公听不进晏子的劝告，还为自己耽溺田猎、疏于国政的错误行为辩护。晏子以其过人才智，用齐景公的比喻反手一击，让齐景公心服口服地接受谏言，改正错误。其才其智，卓异天下。

人物故事

晏子（？—前500）：名婴，字平仲。春秋时齐国夷维（今山东省莱州市）人，齐国大夫、宰相。他是继管仲之后，齐国出现的最重要的宰相、政治家、外交家和思想家。辅政长达半个世纪，历仕灵公、庄公、景公三朝。晏子每当建言朝政、纠正君王，都有极其巧妙的方法和雄辩的说辞，让人心服口服。出使外国，尤以盖世辩才获得外交胜利。《晏子春秋》是记载晏子言行的一部历史典籍，汇编史料和民间传说，其中主要内容是晏婴劝告君主勤政守礼、任贤爱民和虚心纳谏。书中很多故事，着意表现晏婴的聪明和机敏。他是中国历史上第一位以“智多星”形象出现在典籍上的著名人物。

主课文

齐景公出田[1]，十有七日[2]而不反。晏子乘而往。比至[3]，衣冠不正。景公见而怪之曰："夫子何遽[4]乎？得无急乎？"

晏子对曰："然，有急。国人皆以君为恶民好禽。臣闻之：鱼鳖厌深渊而就干浅，故得于钓网；禽兽厌深山而下都泽[5]，故得于田猎。今君出田，十有七日而不反，不亦过乎？"

景公曰："不然。为宾客莫应待邪？则行人子牛[6]在；为宗庙而不血食邪？则祝人太宰[7]在；为狱不中邪？则大理子几[8]在；为国家有余不足[9]邪？则巫贤[10]在。寡人有四子，犹有四肢也，而得代焉，不可患焉！"

晏子曰："然。人心有四肢而得代焉，则善矣；令四肢无心十有七日，不死乎？"景公曰："善哉言！"遂援晏子之手，与骖乘[11]而归。若晏子者，可谓善谏者矣。

（选自《韩诗外传·卷十》）

注释

［1］出田：出猎。田，同"畋"。

［2］十有七日：十又七日，即 17 日。

［3］比至：及至，到达。

［4］遽（jù）：仓促，惊慌。

［5］都泽：水流汇聚的草泽地带。

［6］行人子牛：行人为官职，掌管迎送宾客之礼。子

牛为人名。

［7］祝人太宰：祝人、太宰，都是主持祭祀典礼的官职。

［8］大理子几：大理为官职，掌刑法。子几为人名。

［9］国家有余不足邪：国库的盈余不够开支。

［10］巫贤：人名。

［11］骖乘（cān shèng）：古者乘车，御者居中，尊者居左，陪者居右，称骖乘或车右。骖乘通常由武士或近臣担任，有警卫作用。

参考译文

齐景公出猎，连续17天不回宫。晏子着急了，乘车去猎场找他。到了景公行猎处，来不及整理身上的衣服就拜见景公。景公见他这副模样，很是惊讶，急问道："你为什么这么惊慌？朝廷没什么意外吧？"

晏子回答说："是啊，真有意外情况啊。国人都说君王讨厌民众而喜爱禽兽，这还不意外吗？鱼鳖讨厌深渊而到浅处，于是遭遇钓网；禽兽讨厌深山而到水草丰茂的平地，于是遭遇捕猎。如今君上讨厌宫廷，来到猎场17天不回宫，难道会有好结果吗？"

景公说："没那么严重吧。我需要天天守在宫殿里吗？招待往来宾客，有行人子牛；宗庙祭祀，有祝人太宰；断狱理讼，有大理子几；国库盈余不足以开支的话，有巫贤办理。我有这四位大臣，就像人有四肢，完全可以代我理政，不必要担心啊！”

晏子说：“的确，人心有四肢，可以代劳，的确很好。可是，如果让四肢跟心脏分离 17 天，那人还不会死吗？”景公恍然大悟，赶紧说：“是啊是啊，这话太对了。咱们走！”景公一把抓住晏子，拉上他的马车，让他担任骖乘，一起回宫。晏子此人，真是善于进谏啊。

赏析与写作指导

一言折服齐景公

晏子及时纠正齐景公耽溺田猎、疏于国政的错误，亲自到猎场拉君王回宫理政，这种忠诚和责任感，十分可贵。但是本文的重点并不在此，而在于晏子以盖世辩才，压倒了齐景公的自我辩护，使他不得不就范——跟晏子回宫。

平心而论，齐景公的比喻颇有说服力。承担劳役的永远是四肢，心是不需要亲力亲为的。国家太平无事，有朝廷大臣各司其职不就够了吗？可是晏子轻轻一句反问，就让齐景公的比喻砸了自己的脚。“四肢无心十有七日，不死乎？”四肢的确可以任劳任怨，可是心抛弃它们长达 17 天，四肢不早就死了吗？四肢既死，心又不在场，这国家还能不动乱倾覆吗？

轻轻一问，齐景公意识到问题的严重性，心服口服，二话不说，拉晏子上车担任骖乘，迅速回宫。

作者以“若晏子者，可谓善谏者矣”点题，可见他要突出的，不是晏子的忠诚，而是他的过人辩才。这种机敏善谏光靠忠诚尚不够，必须有突出的辩才才能达到效果。晏子在历史典籍中的形象，不像比干、傅说、萧何那样以忠诚闻名，而是以机敏雄辩著称。作者充分抓住了晏子的形象定位。

延伸知识

学习文言文的好教材

《韩诗外传》是西汉学者韩婴的著作。韩婴是研究《诗经》的著名学者，在《诗经》研究和传播方面开宗立派的一代宗师。他写作《韩诗外传》的本意，是用这些历史故事、社会传说作为《诗经》的注脚，加强世人对《诗经》的认识和体会。所以每个故事结尾，都会归结为一两句《诗经》。可是这些精彩故事，并非对《诗经》的注释或阐发，他借以发挥的道德说教与所引《诗经》文句也没有必然联系。《韩诗外传》因此成了一本与《诗经》研究关系不大的独立著作，所引《诗经》零散的句子，则成了故事的点缀。

《韩诗外传》共 10 卷，由 360 条历史故事、轶事传说、道德说教等内容组成。由于该书故事性强，语言质朴，充满了历史圣贤的精神光辉，所以它成为当时最引人入胜的通俗著作之一，是当今学习文言文的难得读本。

100 多年后，西汉刘向按照《韩诗外传》的编撰方式，把古代故事分门别类组织在一起，还以不同主题作为各卷的中心。他先后写作了《说苑》《新序》《列女传》等，其语言也比较平实浅易。对于今天文言文功力不太深厚的读者来说，韩婴和刘向的著作，乃是汉代以前阅读障碍最小的书。

副课文

外国军官围剿太平军

英国总兵杜乐德克，奉其国主之命，驻防宁波，以保卫彼之商旅。同治元年四月，宁城之复，杜与有力。及九月中，洪军（洪秀全军）大队攻扑宁郡，杜率洋兵五十人，入城助守，出奇制胜。嗣绿头勇滋事，复会同我官军靖其难。

杜为人恂恂儒雅，和众而识大体，宁之官绅皆亲爱之。十二月，我军之洋将买忒勒，攻绍兴城，中炮死。李帅（李鸿章）所遣之德克碑未来，在绍（绍兴）之洋枪队无统帅。史士良观察（官名）请杜往权代之，杜不可，曰：“我国法，驻防官不能出百里外。”观察强之，其国之领事翻译等官，亦相为怂恿，杜乃以打猎报其提督，而率众行，盖打猎则可出百里矣。既至，与洪军战，大破之，俟德克碑至乃退。

明年绍城克复，杜则因擅离汛地（军队驻防基地），为其提督劾罢。宁人大戚，公吁留之不可。观察与众绅士筹商，馈白金万以为赆（jìn，送行礼金）。杜不受，固与之，则曰：“我国法，人臣不能受邻国赠贿也。”无已，则留二千金，以犒其军士曰："是从我与中国捍患者，其八千金断断却之矣。"临别流涕，谓观察曰："我与宁人相处，久承相爱。归后虽死，亦不忘宁人。更有一言相告，洋枪队勇丁，训练已成，不可以贼平而遂撤之。留之不特以自卫，亦可备意外警，须切记之。"遂扬帆去。

余以其事启闻李帅，帅复书谓此等举动，中国士夫所难，不意得之岛客，可胜钦佩云云。至今宁波人士言及杜总兵者，未尝不怿然思也。

买忒勤，法国人，受中国总兵官衔，临阵奋不顾身，遂殒于绍兴城下。颇读华书。吴春泉刺史，冬日尝往访之。会北风大作，买执吴手曰："北风其凉，雨雪其雱。惠而好我，携手同行。"洋将也，而颇有中土儒将风流。

按，洪秀全、李秀成，以拒绝外人而灭，左（宗棠）李（鸿章）诸公，以利用外人而集大勋，得失成败之故，亦可以思世变矣。虽然，幸而洪氏不信外人耳，倘亦凭借外兵，各倚一国以相犄，则中国之为埃及、印度，早在三十年前，外祸之亟，宁待今日哉！

——〔清〕佚名《咸同将相琐闻》

思考与训练

1. 民谚云:“一句话气得人跳，一句话喜得人笑。”同样意思的话，由于说话角度和技巧不同，达到的效果天壤之别。如何才能让人欢欢喜喜接受你的意见、满足你的意愿呢？这就得在辩才上下功夫。

2. 中国古人特别重视辩才。战国时期著名的张仪、苏秦，都是凭着杰出辩才而纵横天下，先后担任多国宰相。古籍《国语》《战国策》《晏子春秋》，大量篇幅都在展现古人的辩论。《左传》《史记》《庄子》中也有大量关于口才的资料。汉代刘向《说苑》20 卷，第 11 卷即《善说》，专门记述“谈说之术”。建议找来认真读读，看看古人的口才到底有多好。

经部

第六课 大哉尧舜禹

〔春秋〕孔子

本文盛赞尧、舜、禹三位圣王的品德与功勋，意在为千秋万代的君王和圣贤树立永恒的榜样。

人物故事

孔子（前 551—前 479）：祖籍宋国，生于鲁国。古代儒学集大成者，中国历史上影响最大的思想家、教育家。曾在鲁国担任过 4 年公职，官至大司寇。当时鲁国三桓（卿大夫孟孙氏、叔孙氏和季孙氏）擅权，公室衰弱。这种政治格局不合周礼。孔子想削弱三桓，强化鲁君权势，受到三桓的抵制。孔子无法继续履职，只好辞官去周游列国，试图到其他国家推行自己克己复礼、仁政爱民的政治主张。东奔西走 14 年，毫无所获，最后只好回到鲁国办学教书，并整理古代文献。传说古代“六经”诸如《周易》《春秋》《诗经》等都经过他的整理。《论语》成书于孔子身后，系孔子弟子和再传弟子记录孔子言论，结集为书。汉代以后该书逐渐受到执政者重视，对中国历史文化和士大夫思想产生了巨大影响。宋以后有“半部论语治天下”的俗语。

主课文

子曰："大哉尧之为君也！巍巍[1]乎！唯天为大，唯尧则[2]之。荡荡[3]乎！民无能名焉。巍巍乎其有成功也！焕乎其有文章[4]！"

子曰："无为而治者其舜也与？夫何为哉？恭己正南面[5]而已矣。"

子曰："禹，吾无间然[6]矣。菲饮食而致孝乎鬼神[7]，恶衣服而致美乎黻冕[8]，卑宫室而尽力乎沟洫[9]。禹，吾无间然矣。"

（选自《论语》）

注释

[1] 巍巍：高大伟岸。

[2] 则：效法，遵守。

[3] 荡荡：辽阔浩瀚。

[4] 文章：文，花纹。章，色彩。

[5] 恭己正南面：心怀虔敬地临朝听政。正南面，端正地坐北向南。古人以坐北朝南指代君临天下。

[6] 间然：罅隙，隔阂。无间然，无可非议，找不出其瑕疵。

[7] 菲饮食而致孝乎鬼神：日常饮食很差（菲薄），祭祀鬼神则很隆重。古人重祭祀。

[8] 恶衣服而致美乎黻（fú）冕：日常穿戴很差（恶），祭祀时穿戴则很华美。黻，古代礼服上黑与青相间的花纹，此指

裤裙。冕，帽子。均为祭祀服饰。

[9] 卑宫室而尽力乎沟洫：让王宫建筑低矮简陋，将财力投向沟洫建设。卑，低矮。沟洫，免于水患的排水系统。

参考译文

孔子说："尧帝真是一个伟大、崇高的君王啊！只有天是最伟大的，只有尧效法上天，他的恩惠真是广博浩大呀！老百姓都找不到合适的名头来赞颂他。他的功勋高耸入云啊！他建立的礼法制度灿烂文明。"

孔子说："能够无为而治的，就是舜吧。他做什么呢？他恭敬虔诚地面朝南方，端坐朝堂就可以了。"

孔子说："对大禹，我实在找不出一点批评的理由。他的饮食非常简单，供奉鬼神却很丰厚。他日常穿戴都是劣质衣服，祭祀先祖时所穿礼服却华美讲究。他的王宫楼台低矮简陋，却将财力用来给老百姓修建沟渠。这个大禹啊，我们还有什么可说的呢？"

赏析与写作指导

大禹沟洫考

孔子称颂尧，重点在其品德，像天一样高远。称颂舜，重点在其为政风格。古人崇尚无为而治，故强调他只是坐北朝南地以圣德君临天下，天下就井然有序。称颂禹，重点在其克己为民。古人认为，国家祸福，有赖于神灵护佑，所以禹俭朴对待自己，奢华对待神灵；人民苦乐，有赖于农作物收成，所以禹简陋宫室，将财力投向水利建设，好让人民免于水患，丰收得福。

本文对禹的赞颂比较具体，内容比较丰富，值得我们仔细解读。

孔子用三句话，塑造了一个克己奉公、一心为民的圣王形象。“菲饮食而致孝乎鬼神，恶衣服而致美乎黻冕，卑宫室而尽力乎沟洫。”大禹个人所用，全是最为简陋、最为平民化的，而对于老百姓的利益需求、精神需求和国家的文化建设、重大礼仪，他却郑重其事，既舍得花钱，也追求华丽排场。因为老百姓是他的服务对象，鬼神也是为老百姓服务的，大禹恭敬地服务于鬼神，也是在服务于老百姓。

本章“沟洫”，历代注家均解为修建水渠，发展农业灌溉。但是，按照汉语写作特点，这三个结构一致的排比句，其内容也应该有整齐性。

第一句：饮食—菲自—厚鬼神（鬼神是百姓保护神）

第二句：服装—恶自—美祭服（祭祀是服务百姓的国家大典）

第三句：住房—卑自—利民居（为民居拓宽沟洫以免浸水）

三句话描述了大禹在“饮食、服装、住房”三个方面，对自己如何节俭，对百姓和国家典礼如何舍得花钱。本章主旨即是通过极力渲染大禹的俭朴，而歌颂他毫不利己、一心为民的圣王美德。每个方面的自俭都是为了节省财力用以满足国家或百姓在同一主题上的需求。自食之俭与贡神之厚、自衣之俭与祭服之美、自居之俭与投入民居之重，形成鲜明对比，才成功塑造了一个舍己为民的圣王形象。

如果将“尽力乎沟洫”解读为修建田间水渠，从事农田水利建设，就不符合本文排比句的内在结构。所以，鄙意以为，古代修建排水系统，既是农业生产所需，也是居住、生活所需。因为农田与村落杂然相处，融为一体。沟洫之用，既在于生产，也在于生活。结合本章意旨，“尽力乎沟洫”，当解读为强化建设百姓村落之泄洪排水系统。

《周礼·考工记》专门讨论过沟洫问题：“匠人为沟洫。耜广五寸，二耜为耦。一耦之伐，广尺深尺谓之甽。田首倍之，广二尺、深二尺谓之遂。九夫为井，井间广四尺、深四尺谓之沟。方十里为成，成间广八尺、深八尺谓之洫。方百里为同，同间广二寻、深二仞谓之浍。”

甽、遂、沟、洫、浍均是水渠，每种水渠的宽度、深度都有规定。它们构成灌溉系统，也构成排水系统。对农业生产来说，是灌溉系统；对村落生活来说，是泄洪排水系统。“洫”后来发展出“护城河”的意思，就因为这些水渠从一开始，就有泄洪排水、防止村落水患的功能。

大禹时代，华夏先民处于半穴居状态，也就是在地面挖个坑，坑底竖起几根木柱子，撑起一个锥形的茅草屋顶或树皮屋顶。雨水丰沛季节，屋内容易积水。为了改善老百姓的居住条件，避免积水，就得在村落周边深挖水沟。水沟不但可防积水，还可起到安全保护作用，类于后世护城河。

我在山东枣庄旅游时，曾不经意遇到一个原始社会遗址（似是坐落于枣庄滕州市的北辛遗址）。该遗址在河边筑起一座方圆几百米、高约三米的大台子，宫室和民居就建设在这个大台子上。这么好的地势，无须大禹“尽力乎沟洫”，因为低下去三米之远的地面，就是无边的沟洫。屋内不会出现积水问题，甚至可以做到长年干爽。

但是，上述这么大的垒台工程，大概只有势力很强、居于领导地位的部落才能修建起来。对一般部落来说，只能因势造型，靠挖沟开渠来解决民居防水问题。

受到千秋歌颂的君王，都是偏重于为弱势部落和普通百姓谋求福祉的圣王，至于强势权贵，一般是君王遏制的对象而不是服务的对象。晋国被韩魏赵三个权贵家族瓜分，鲁国长期被三桓垄断政权，周天子更是被诸侯架空并消灭，这些故事都说明，君王与权贵乃是博弈关系，只有老百姓才是需要君王关怀、服务的对象。华夏文明绵延万年，尧舜禹永受后世爱戴，均因他们格外关怀弱者利益。

鲧禹治河，是针对泛滥河水威胁诸多生民田畴、村落、生命安全而实施的综合性工程。大禹君临天下，是他治河成功之后。此时“尽力乎沟洫”，是他制定的施政措施之一。他不像明代永乐大帝那样兴建大规模的宫殿群，而是把巨大的财政投入用来给无力占据最佳地盘、不得不在劣势地盘安营扎寨的弱势部落，解决民居排水问题。鄙意以为，这种解读，比当下流行的解读，更为恰当。

延伸知识

圣贤文化

如果说炎黄奠定了中国的种族基础，尧舜禹则奠定了中国的文化基础。中国人的宇宙观、世界观、政治观、君王观、人民观，在尧舜禹时代已经基本成型。

尧舜禹是天子，同时又是圣人。后人以“内圣外王”一词，描述像他们那样的集圣人与君王于一身的人物。后世君子的努力方向，就是通过漫长的修炼、艰苦的实践，成为治国平天下的圣人。所谓修齐治平，简称“内圣外王”。

有人把中国文化命名为圣贤文化，不无道理。孔子之前，即有人总结出“立德、立功、立言”三不朽。三不朽者，圣人也。孔子本人则不断称道历史上和现实中的圣贤人物，给弟子们指示前进方向。本文所述虽贵为天子，在孔子的教学实践中，也是用作弟子之楷模。

副课文

不读书人有至行

不敢妄为些子事，只因曾读数行书。盖以读书者必明理，不妄为，乃有所为耳。然世之奇节伟行，多出于不读书之人，其故何哉？

杭州江小芸观察清骥为余言：里中有钱塘人许大镛者，为水师营卒，饷不足以养母，遂兼业剃工。性极肫挚，而不能识一字。常往来观察家执艺，见壁间悬奚铁生山水小幅，爱之甚。每至，必注视久之乃去。心摹手追者累月，忽纵笔成一画，顾不自信，又惭于示人。一日者见观察，忸怩颜者良久，乃出所画以相质。观察惊为神似，亟相许可，复为指其瑕处，谢而去。去数日，复持一画来，则较前更工矣。由是暇辄画，画就，必以质观察。不一年，遂有画名，然业薙如故也。

母老矣，思为纳妇，则固谢不愿。盖恐多一人，则母之甘旨或缺也。适有新寡者，母廉其值，不告于子而聘之。大镛大惊，然不敢逆母命，遂成礼。礼成后，询知为寡妇再醮，则又大惊，立与异室寝，而阳共侍母，母不知也。观察闻而询之，则蹙然曰："吾敢坏孀妇节哉？"

未几，母病且甚，大镛医祷皆穷。邻有华陀庙，百叩乞方，终不效。会禡陀诞辰，里众焚香者相属，炉火赫然，大镛忽插中指炉中，众惊问故，曰："吾将燃以救母。"火烈焰起，指哔爆有声，众相劝相怜，股栗汗流，大镛齧齿默祷，颜色不变。顷之，中指二节皆成炭，则裹炉灰及指炭焊（xún）汤进母，母饮之立愈。众皆叹异，以为神。

不数月，母猝以无疾逝，大镛医救莫及，痛绝者数四。既殡其母，乃谓寡妇曰："我之娶尔者，顺母命也。所以我不与尔处者，全尔节也。今我母殁，尔节全，我行且逝矣。请悉以家之所有予尔，尔可保尔节以终身矣。”遂出门去，自髡其发，为僧于华陀庙中，戒律甚严，人咸敬之。

咸丰庚辛之变，城破庙毁，大镛不知所终。观察决其必殉难以死，特无人佐证，不能为之请旌耳。嗟乎！若大镛之所为，有读书士大夫所难为者，而大镛顾率性为之，而不见其难；然大镛固一字不能识之人也。悲夫！

——〔清〕陈其元《庸闲斋笔记》

思考与训练

古文中常出现“尧舜禹汤、文武周公”词组，这些各指何人？表达何意？

____

____

____

第七课 贤哉回也

〔春秋〕孔子

题解

本文集孔子评价颜回语录而成，孔子高度肯定颜回修己体仁、进德好学、安贫守志的品德，对颜回早逝表示了极大悲痛。

人物故事

颜回（前521—前481）：春秋末期鲁国人，字子渊。13岁入学孔门，以德行著称，为七十二贤之首，是孔子最寄予厚望的弟子。不幸英年早逝，使孔子之道的传播严重受挫。汉高祖祭孔时，曾以颜回配享。唐太宗尊之为先师，唐玄宗尊之为兖公，宋真宗加封为兖国公，元文宗又尊为兖国复圣公。明嘉靖九年改称复圣。山东曲阜还有复圣庙。

主课文

子曰："贤哉，回也！一箪[1]食，一瓢饮，在陋巷[2]，人不堪其忧[3]，回也不改其乐。贤哉，回也！"

子曰："回也，其心三月[4]不违仁[5]，其余[6]则日月至焉[7]而已矣[8]。"

子畏[9]于匡[10]，颜渊后。子曰："吾以女为死矣。"曰："子在，回何敢死？"

子谓子贡曰："女与回也孰愈[11]？"对曰："赐也何敢望回？回也闻一以知十[12]，赐也闻一以知二[13]。"子曰："弗如也；吾与女弗如也[14]。"

哀公[15]问："弟子孰为好学？"孔子对曰："有颜回者好学，不迁怒[16]，不贰过[17]。不幸短命死矣。今也则亡，未闻好学者也。"

颜渊死。子曰："噫！天丧予[18]！天丧予！"

（选自《论语》）

注释

[1] 箪（dān）：古代盛饭的竹筒。

[2] 陋巷：狭窄的街巷，身份卑微的人所住的地方。

[3] 不堪其忧：不能忍受这种卑微和困窘。

[4] 三月：表示时间比较长。

[5] 不违仁：不离开仁。

[6] 其余：其他人。

[7] 日月至焉：表示时间比较短。朱熹云："或日一至焉，或月一至焉。"此意指偶尔进入仁的体验。

[8] 而已矣：如此罢了。

［9］畏：围困。《礼记·檀弓》云：“死而不吊者三：畏、厌、溺。”钱穆云，私斗为畏。匡人之拘孔子，亦社会之私斗，非政府之公讨。亦有人将畏解释为拘囚。

［10］匡：邑名，卫国领土，在今河南省长垣县西南15千米，曰匡城。

［11］女与回也孰愈：你与颜回谁胜出一筹？

［12］闻一以知十：十者数之全。颜渊闻其一节，能推其全部。

［13］闻一以知二：二者一之对。子贡闻此，能推以至彼。颜渊由一得全，子贡由此及彼，颜渊盖能直入事理之内，浑然见其大通。子贡则从事理之对立上比较，所知仍在外，故孔子亦谓其弗如也。此为钱穆所解。

［14］吾与女弗如也：此“与”字有两解。一谓我与汝均不如。一谓我赞许汝能自谓弗如。此当从后解。与，赞许，同意。

［15］哀公：鲁哀公，鲁国第26任君主，承袭其父鲁定公担任该国君主，在位27年。

［16］迁怒：将愤怒宣泄到不相干的人身上，使人无辜受牵连，用以解脱自己应负的责任。

［17］不贰过：同样的错误不会犯第二遍，即知错必改。

［18］天丧予：老天要了我的命啊。

参考译文

孔子说：“颜回可真是贤人啊！一筒饭，一瓢水，住在破烂小巷里。一般人都忍受不了这种贫穷困苦，颜回却安贫乐道，快乐地修学进德。颜回真是贤人啊！”

孔子说：“这个颜回呀，他的内心能做到长时间不离开仁，其他学生呀，只不过短时间达到这种仁德境界罢了。”

孔子师生在卫国匡邑，遭遇老百姓私自围困。逃出来时，颜回落在后面。当颜回赶上孔子，孔子说：“我以为你死在那里了。”颜回说：“老师在，我怎么能随便去死呢？”

孔子问子贡：“你和颜回，谁更强些？”子贡回答说：“我端木赐哪敢跟颜回比呀？颜回学到一个知识，可以推演出十个知识，我学到一个知识，最多只能推演出两个知识。”孔子说：“你是不如他，我赞同你的意见。”

鲁哀公问孔子：“你的弟子中，谁最好学？”孔子回答道：“有个颜回，特别好学。他不会迁怒于他人，而是自己承担责任。他知错必改，决不会重蹈旧辙。颜回不幸早逝了。现在没有像颜回这样学勤德高的弟子了。”

颜渊去世了，孔子悲痛地说：“哎呀，老天爷这是要了我的命啊！老天爷这是要了我的命啊！”

赏析与写作指导

好学与进德

本文所选孔子语录，均系直接谈论颜回者。颜回早逝，言行湮没不闻。幸好《论语》中保留了孔子及其弟子对颜回的若干评价，由是可以推知颜回的品行德范。

颜回“一箪食，一瓢饮”，安贫乐道；颜回“三月不违仁”；颜回“闻一以知十”；颜回“不迁怒，不贰过”；这些表现都在证明，颜回学以养德，尽得孔学真传、具有内在的德性和精神自由，堪称孔子知音。

孔子表彰颜回，希望众弟子以之为表率，故不强调其天资，而突出其进学修身之功。其德其道，皆来自其学其修，如此方可激励众弟子。“哀公问”一章，于此尤可关注。本章重点论述求学的目标指向，即学习主要不是为了积累知识，而是为了修身进德。好学的标准不是积累知识的多寡，而是修身进德、人格成长的效果达到什么程度。所以，孔子用来证明颜回最好学的两点证据，都是提高道德、发展人格的。

第一点，每当有不顺遂己意时，决不迁怒于他人，而是自己承担责任，这是一个成熟的人格，一个求诸己的人格。有了这样的人格，就可以勇猛精进，担当大道，造福天下。第二点，偶有过失，一定明察克服，决不放任自己，反复犯错。读书能够读到这一步，才是修成正果，才是真正的好学。

孔子主张有教无类，广招生徒，目的就是带领各阶层后生修身进德，造就大德大能。造就大德大能的目的是什么？就是继承尧舜道统，以仁义改造人心，以仁礼平定诸侯纷争，恢复周礼，重建万世太平，实现大同理想。

在孔子看来，颜回已经成为这样的大德大才，可惜英年早逝。其他学生，在为学修身方面，还没发展到颜回的境界，目前还难以指望他们脱颖而出，挽救天下。

当孔子这样回答鲁哀公时，似乎表现出某种淡淡的凄凉。孔子培养不出这样的人才，对天下兴盛就无能为力啊。

延伸知识

颜回立德

颜回在孔门学有所成，自己收徒讲学，传授儒学经典和孔子之道。经过其弟子的发展，逐步形成了儒家学说一个流派——颜氏之儒。后人韩非子把儒学分为八派，颜氏之儒是其中一派。

颜回家道贫寒，不思求官得禄，一心体仁进德，思慕大道。孔子夸他“不迁怒，不贰过”，说起来平平，做起来何其难也。唯其难行，能行者必是大德。

颜回之德是留给后世的不朽财富。《左传·襄公二十四年》：“大上有立德，其次有立功，其次有立言。虽久不废，此之谓不朽。”欧阳修《送徐无党南归序》：“若颜回者，在陋巷，曲肱饥卧而已，其群居则默然终日如愚人。然自当时群弟子皆推尊之，以为不敢望而及。而后世更百千岁，亦未有能及之者。其不朽而存者，固不待施于事，况于言乎？”

古人崇尚三不朽，以立德为重，立功次之，立言又次之。颜回卑贱贫寒，无以立功立言，唯以大德彪炳千秋，故历来备受隆誉，被后世称为“复圣”。

副课文

曾侯为何肯受欺

同治乙丑之秋，郭远堂中丞（官名）开藩（主持政务）苏州，余与同官诸人晋谒，中丞觞之（赐酒）。酒酣，中丞忽问元和令萧山陶君肖农曰：“某人近日在家否？”陶对曰：“已游庠（yóu xiáng，在官办学堂上学），且食饩（shí xì，受官方补贴）矣。”中丞乃笑谓余等曰：“此系渠乡人，当金陵初复时，冒称校官，往谒曾侯，高谈雄辩，议论风生，有不可一世之概，侯固已心奇之矣。中间论及用人须杜绝欺弊事，遂正色大言曰：‘受欺不受欺，亦顾在己之如何耳。某盱衡（xū héng，纵目观察）当世，略有所见。若中堂之至诚盛德，人自不忍欺；左公之严气正性，人亦不敢欺；至如某某诸公，则人虽不欺而尚疑其欺，或已受欺而不悟其欺者，比比也。’侯不禁大喜，抚髀（bì，大腿）称是。因谓之曰：‘子可至军营中，一观我所用之人。’某诺而出。

“次日，遍谒诸文武，归而复命曰：‘军中多豪杰俊雄之士，然某于其间得二君子人焉。’侯惊问何人，则举涂方伯宗瀛及中丞名以对。侯又大喜称善，乃待为上客。顾一时未有以处之，姑令督造炮船。未几，忽挟千金遁去。所司以闻，且请急发卒追捕，侯默然良久曰：‘止，勿追也。’所司惘然退，侯乃自循其须曰：‘人不忍欺，人不忍欺。’左右闻者皆匿笑，不敢仰视。”

中丞言至此，又顾陶君曰：“此人既游庠食饩，当令人勉之务正；如曾侯者，难再遇也。”次日，同官聚谈，举为笑柄。或曰:“幸金数不多，故侯大度置之耳。”或曰:“侯恐播受欺名，故忍而不追也。”余曰:“不然。昔宋韩魏公总五路师，经略西夏，有人以伪书干之，得厚赠去。已而事露，诸将请捕之，韩公曰:‘此人敢于百万军中，持伪书以欺我，则其人之胆识必有过人者；若迹之急，必投入夏国，是又生一张元也。’遂止。后世论者，共服韩公之深识远虑。当金陵甫复时，发逆未平，捻势正炽，曾侯之见，即韩公之见也。大臣谋国深远，岂惜此区区之金及受欺之名哉？”众皆以余言为然。

——〔清〕陈其元《庸闲斋笔记》

思考与训练

在君王面前，孔子用“不迁怒，不贰过”概括得意门生颜回的学习效果和品性特点。在你看来，“不迁怒，不贰过”有那么重要吗？你觉得自己能够做到吗？

第八课 大孝终身慕父母

〔战国〕孟子

题解

舜孝德过人，还不得父母欢心，因而特别苦闷，竟至于仰天大哭。孟子反复叙述舜在孝德上所经受的种种考验，并盛赞舜"大孝终身慕父母"的大孝大德。《孟子》此文，是为中国文化建构提炼孝德观念的重要文献。

人物故事

孟子（约前372—约前289）：名轲，字子舆，战国时期邹国（今山东邹城市）人。著名思想家、儒学家，儒家学说主要代表人物之一。他是孔子之孙孔伋的再传弟子，是孔子学说的重要继承者和发展者，被后世称为"亚圣"。也曾如孔子那样周游列国，试图推行其仁政治国、贵民强国的政治思想，但是不被诸侯接受。晚年集中力量进行教育和著述，率学生共同写作《孟子》。他提出了"性善论""良知良能""养心""浩然之气""民贵君轻""大孝"等一系列重要命题，在儒学史上具有举足轻重的地位。宋明以来，影响力不断增长，几与孔子并列。孔门儒学被称为"孔孟之道"。

主课文

万章问曰："舜往于田，号泣于旻天[1]，何为其号泣也？"

孟子曰："怨慕[2]也。"

万章曰："父母爱之，喜而不忘[3]；父母恶之，劳而不怨[4]。然则舜怨乎？"

曰："长息[5]问于公明高曰：'舜往于田，则吾既得闻命矣；号泣于旻天，于父母，则吾不知也。'公明高曰：'是非尔所知也。'夫公明高以孝子之心，为不若是恝[6]。我竭力耕田，共[7]为子职而已矣，父母之不我爱，于我何哉？

"帝使其子九男二女，百官牛羊仓廪备，以事舜于畎亩[8]之中。天下之士多就之者，帝将胥[9]天下而迁之[10]焉。为不顺于父母，如穷人无所归[11]。天下之士悦之，人之所欲也，而不足以解忧；好色，人之所欲，妻帝之二女，而不足以解忧；富，人之所欲，富有天下，而不足以解忧；贵，人之所欲，贵为天子，而不足以解忧。

"人悦之、好色、富贵，无足以解忧者，惟顺于父母，可以解忧。人少，则慕父母；知好色，则慕少艾[12]；有妻子，则慕妻子；仕则慕君，不得于君则热中[13]。大孝终身慕父母。五十而慕者，予于大舜见之矣。"

（选自《孟子·万章上》）

注释

[1] 旻天：泛指天。

[2] 怨慕：伤感思念。朱熹《孟子集注》云："怨己之不得其亲而思慕也。"

[3] 喜而不忘：高兴而不懈怠。忘，按杨伯峻注解，解为懈怠。

[4] 劳而不怨：忧愁而不怨恨。劳，操劳，引申为劳心、忧愁。

[5] 长息：公明高的学生。公明高是曾参的学生。

[6] 为不若是恝（jiá）：表现不会像这样毫不在意。为，表现。是，这样。恝，不在意。

[7] 共：同"恭"，恭敬。

[8] 畎亩（quǎn mǔ）：田间地头。畎，田间的水沟。

[9] 胥：文言副词，皆，都。引申为尽。

[10] 迁之：移交给他。这里指把天子之位传给舜。

[11] 为不顺于父母，如穷人无所归：由于不能使父母欢心，舜像个困穷的人一样无依无靠。

[12] 少艾：美貌的少女。

[13] 热中：急躁、烦躁。

参考译文

万章问孟子道："舜来到地头，仰天号呼哭泣。他为什么要号呼哭泣呢？”

孟子回答道：“因为他对父母既依恋又抱怨。”

万章问道：“曾子有言：‘如果父母喜欢自己，高兴而又不懈怠；如果父母不喜欢自己，忧愁而又不抱怨。’按照先生的说法，舜是抱怨父母了吧？”

孟子回答道：“以前，长息问公明高说：‘关于舜到田地里去的事，我已经听先生解释过了。但是舜仰天号呼哭泣，还抱怨父母，对此我不能理解。’公明高回答道：‘这不是你所能理解的。’公明高认为，孝子之心不会这样毫不在意：我努力耕种劳作，恭敬地履行为子职责，父母依然不欢心，对我来说有什么关系呢？舜却不这样想问题。

“尧帝派遣其九个儿子、两个女儿以及大小官员，带着牛羊和粮食，到田野里侍奉舜。投奔舜的士人也很多，尧还打算把整个天下传给舜。舜却因为不能使父母欢心，而像个困穷的人一样无依无靠。天下士人归服，这是人们希望得到的，但却不能解舜的忧愁；得到美丽女子，也是人们希望得到的，尧帝将两个女儿嫁给他，也不能解舜的忧愁；巨量财富，也是人们希望得到的，舜富有整个天下，却不能因此解除忧愁；尊贵的地位，也是人们希望得到的，舜贵为天子，却不能因此解除忧愁。

“天下士人的追随、美丽的女子、巨量财富和尊贵地位，没有一样能让舜解除忧愁，只有让父母欢心才能消除他的忧愁。人在小时候，一心依恋父母；长大后，就依恋年轻漂亮的女子；成家了，就依恋自己的妻儿；进入仕途就依恋君王，如不得君王信任宠爱便焦急烦恼。但是，最孝顺的人，终身都依恋父母。到了 50 岁还依恋父母，这种情形我在舜身上看到了。”

赏析与写作指导

建构孝德

中国文化很早就重视孝道孝德。孔子的学生曾参、闵子骞、仲由都是有名的孝子。元代诗人、孝子郭居敬（？—1354）编撰《全相二十四孝诗选》，其中第一位大孝子就是舜，另外还有大名鼎鼎的曾参、闵子骞、仲由、郯子、汉文帝、黄庭坚等，连穷困潦倒的农民董永，也榜上有名。

虞舜，至晚在孔子时代，就已经是公认的华夏圣君。他被尧帝擢升于草莽之中，不但有过人才华，而且有过人德行。孝德是百德之首。孟子整理历史资料，将虞舜塑造为孝德楷模，这是中国文化建构上的一件大事。《孟子》为什么日后成为“四书”之一，就因为它体现了中国文化尤其是儒家文化的主要特征。

国家提倡、表彰孝，天下人就会自觉地以孝行为美德，并极力践履之。如果国家批判孝，蔑视孝，天下人就会以行孝为负担，就会蔑视孝德，放弃孝行。尊长老人就会孤独无依，痛苦煎熬。

如果士农工商卿大夫连孝道都做不到，还能指望他们有公德、有担当、把国家社会建设好吗？

舜是名垂万古的圣君，不仅因为他有驾驭天下、服务社会的政治才能，更因为他具备依恋父母、孝顺尊长、体恤万民的人文素质。如果没有这种内在的道德情怀，他将用什么标准、什么方式去驾驭天下、服务社会呢？所以，包括孝德善心在内的人文素质，才是圣王赖以建功立业、安邦定国的基础。“人悦之、好色、富贵，无足以解忧者，惟顺于父母，可以解忧。”任何享乐、任何功德，都不可代替孝德。

亚圣孟子把虞舜树立为孝德标杆，体现了他倡导孝德、提升万民人文素质、建立美好国家美好社会的辽远眼光。“大孝终身慕父母”——既是对舜的孝德的总结，也是对万民的号召和期待。

延伸知识

舜不知象之将杀己与

主课文系《孟子·万章上》第一章内容，其第二章，也是讲舜的故事。这里节选其中一段，有复杂的情节。舜的父亲和弟弟都想害死舜，舜对他们却一直非常仁孝友爱。万章感到有点不解，就问孟子，难道舜不知道父亲和弟弟在谋害他吗？为什么还对他们那么好呢？

这里只节选谋害故事（原文和译文），至于孟子的回答，省略了。请习者去查阅资料，看看孟子是如何回答学生提问的。

原文：

万章曰："父母使舜完廪（库房），捐阶（撤掉楼梯），瞽瞍（舜的父亲）焚廪。使浚井，出，从而揜（埋）之。象（舜的同父异母弟）曰：'谟盖（谋害）都君咸我绩，牛羊父母，仓廪父母，干戈朕（我），琴朕，弤（dǐ，弓）朕，二嫂使治朕。'象往入舜宫，舜在床琴。象曰：'郁陶思君尔。'忸怩。舜曰：'惟兹臣庶，汝其于予治。'不识舜不知象之将杀己与？"

译文：

万章向孟子请教说："父母安排舜修粮仓，舜爬上屋顶，梯子就被撤掉了。舜的父亲瞽瞍放火烧粮仓。他们安排舜淘井，不知道舜已逃出，便往井里填土，以为把他埋了。象说：'谋害舜都是我的功劳，牛羊归父母，仓廪归父母，干戈归我，琴归我，弤弓归我，两位嫂嫂要她们为我铺床叠被。'象到舜的屋里去，舜却坐在几案边抚琴。象说：'我好想你呀！'脸上有点惭愧。舜说：'我想念这些臣下和百姓，你帮我治理吧。'不晓得舜知不知道象要杀害自己？"

副课文

钟孝廉

余同年邵又房，幼从钟孝廉某，常熟人也。先生性方正，不苟言笑，与又房同卧起。忽夜半醒，哭曰："吾死矣。"又房问故。

曰:“吾梦见二隶人从地下耸身起，至榻前拉吾同行。路泱泱然，黄沙白草，了不见人。行数里，引入一官衙，有神，乌纱冠，南向坐。隶掖我跪堂下，神曰:‘汝知罪乎？’曰:‘不知。’神曰:‘试思之。’我思良久，曰:‘某知矣。某不孝，某父母死，停棺二十年，无力卜葬，罪当万死。’神曰:‘罪小。’曰:‘某少时曾淫一婢，又狎二妓。’神曰:‘罪小。’曰:‘某有口过，好讥弹人文章。’神曰:‘此更小矣。’曰:‘然则某无他罪。’神顾左右曰:‘令渠照来。’左右取水一盘，沃其面，恍惚悟前生姓杨，名敞，曾偕友贸易湖南，利其财物，推入水中死。不觉战栗，匐（fú）伏神前曰:‘知罪。’神厉声曰:‘还不变么！’举手拍案，霹雳一声，天崩地坼，城郭、衙署、神鬼、器械之类，了无所睹；但见汪洋大水，无边无岸，一身渺然，飘浮于菜叶之上。自念叶轻身重，何得不坠？回视己身，已化蛆虫，耳目口鼻，悉如芥子，不觉大哭而醒。吾梦若是，其能久乎？”

又房为宽解曰:“先生毋苦，梦不足凭也。”

先生命速具棺殓之物。越三日，呕血暴亡。

——〔清〕袁枚《子不语》

思考与训练

1.《孟子》说："人少，则慕父母；知好色，则慕少艾；有妻子，则慕妻子；仕则慕君，不得于君则热中。大孝终身慕父母。五十而慕者，予于大舜见之矣。"

既然每个阶段各有所慕，为什么又说"大孝终身慕父母"呢？"慕父母"与"慕少艾""慕妻子""慕君"是什么关系？相对立吗？能共存吗？

2. 副课文《钟孝廉》云："但见汪洋大水，无边无岸，一身渺然，飘浮于菜叶之上。自念叶轻身重，何得不坠？回视己身，已化蛆虫，耳目口鼻，悉如芥子，不觉大哭而醒。"主人公变成蛆虫的原因是什么？

____

____

____

第九课 天子不召师

〔战国〕孟子

天子如果敬仰某位学高德大的贤者，不应该传唤而见，而应该登门会见。即使该贤者身为庶民，也应恭敬登门，这才符合礼义。天子虽尊，不能凌驾于礼义之上。诸侯当然更应如此。

人物故事

万章：战国时期学者，邹国人，孟子弟子。一生追随孟子，协助孟子著述《孟子》。从《孟子·万章》中万章向孟子请教的问题看，万章非常注重孔子所强调的礼、孝等思想。其墓在今邹城西南 5 千米北宿镇万村，据此推断他为邹国人。

孔伋（前 483—前 402）：字子思，孔子之嫡孙、孔鲤之子，鲁国人。春秋战国之际著名思想家、儒家学者。受教于孔子高足曾参，得孔子学说真传，其门人再传给孟子。他上承曾参，下启孟子，上承孔子中庸之学，下开孟子心性之论，并由此对宋代理学和明代心学均有重要影响，在孔孟儒学道统中有重要地位。后人把子思、孟子并称为思孟学派。

鲁穆公（前410—前377年在位）：本名姬显，战国初期鲁国国君，在位33年。他守义执礼，曾隆重拜孔伋（子思）为师，时常登门咨以国事。

主课文

万章曰："敢问不见诸侯，何义也？"

孟子曰："在国曰市井之臣[1]，在野曰草莽之臣，皆谓庶人。庶人不传质[2]为臣，不敢见于诸侯，礼也。"

万章曰："庶人，召之役，则往役；君欲见之，召之，则不往见之，何也？"

曰："往役，义也；往见，不义也。且君之欲见之也，何为也哉？"

曰："为其多闻也，为其贤也。"

曰："为其多闻也，则天子不召师[3]，而况诸侯乎？为其贤也，则吾未闻欲见贤而召之也。缪公亟[4]见于子思，曰：'古千乘之国以友士，何如？'子思不悦，曰：'古之人有言：曰事之云乎[5]，岂曰友之云乎？'子思之不悦也，岂不曰：'以位，则子，君也；我，臣也。何敢与君友也？以德，则子事我者也。奚可以与我友？'千乘之君求与之友，而不可得也，而况可召与？齐景公田，招虞人以旌[6]，不至，将杀之。志士不忘在沟壑[7]，勇士不忘丧其元。孔子奚取焉？取非其招不往也。"

曰："敢问招虞人何以？"

曰："以皮冠[8]。庶人以旃[9]，士以旂[10]，大夫以旌。以大夫之招招虞人，虞人死不敢往。以士之招招庶人，庶人岂敢往哉。况乎以不贤人之招招贤人乎？欲见贤人而不以其道，犹欲其入而闭之门也。夫义，路也；礼，门也。惟君子能由是路，出入是门也。诗云：'周道如底[11]，其直如矢；君子所履，小人所视[12]。'"

万章曰："孔子，君命召，不俟驾而行[13]。然则孔子非与？"

曰："孔子当仕有官职，而以其官召之也。"

（选自《孟子·万章下》）

注释

[1] 市井之臣：此"臣"指民，即庶人也。草莽之臣亦同。

[2] 传质：质同"贽"，见面时送给对方的礼物。孙奭《孟子音义》云："执贽请见，必由将命者传之，故谓之传贽。"

[3] 天子不召师：君王如果要请贤人为师，则应登门访见，而不应召见。

[4] 亟（qì）：副词，屡次。

[5] 云乎：句末语气辞，无义。

[6] 招虞人以旌：古制以旌传唤大夫，若以旌传唤看管猎场的虞人，则规格太高，不合礼制，故虞人不应命。事见《左传·昭公二十年》，作"招虞人以弓"。

[7] 志士不忘在沟壑：志士不怕弃尸山沟，下一句意为勇

士不怕丧失头颅。指时刻不忘为道义抛头颅洒鲜血，即使抛尸沟壑也在所不惜。

［8］皮冠：古时田猎所戴之冠，加于礼冠之外，以避尘土雨雪。

［9］旃（zhān）:《说文》:“旗曲柄也，所以表士众。《周礼》曰‘通帛为旃’。”

［10］旂（qí）:《说文》:“旗有众铃以令众也。”

［11］周道如底：诗句引自《诗·小雅·大东》，旧说这是一首东方诸侯国臣民讥刺周室的诗歌。周道：即大路。底同“砥”，磨刀石，用以比喻道路的平坦。下文“其直如矢”之“矢”与此类似。

［12］视：注视。按此语是双关语，表面上是说小人看着君子在大道上往来，实际是说君子的一言一行对小人都有影响，是小人效法、关注的对象。

［13］不俟驾而行：不等驾好马车就急匆匆往前赶路，事见《论语·乡党》。

参考译文

万章说：“请问，不去见诸侯是什么道理呢？”

孟子说：“在都市里叫作市井之民，在郊野叫作草莽之民，都是庶人。庶人未曾转送见面礼成为臣僚，就不敢去见诸侯，这是合乎礼仪的。”

万章说：“庶人，征召他去服役就去服役；而国君要见他，传唤他却不去见，是为什么呢？”

孟子说：“去服役合乎义，去见国君不合乎义。而且，国君要见他是为什么呢？”

万章说：“因为他见多识广，因为他贤明。”

孟子说：“如果因为他见多识广，博学大才，可以为师，可是天子都不传唤老师，何况诸侯呢？如果因为他是贤者，我从未听说过要见贤者竟然传唤他来。鲁缪公屡次去见子思，说：‘古代拥有千乘兵车的国君结交士人，是怎样做的？’子思不高兴地说：‘古时候的人是说侍奉他，哪会说结交他呢？’子思之所以不高兴，难道不是认为：‘论地位，你是君主，我是臣仆，怎么敢和君主结交呢？论德行，你是侍奉我的人，怎么能和我结交呢？’拥有千乘兵车的国君，谋求与他结交都不能做到，何况传唤他呢？齐景公田猎，用旌去传唤管理山林的虞人，虞人不去，景公要处死他。孔子得知后说：‘志士不怕弃尸山沟，勇士不怕掉了头颅。’孔子赞赏什么呢？是赞赏虞人拒绝不符合他身份的传唤。”

万章说：“请问，该用什么传唤虞人才对呢？”

孟子说：“用皮冠。传唤庶人用旃，传唤士人用旂，传唤大夫用旌。用传唤大夫的礼仪传唤虞人，虞人死都不敢去，用传唤士人的礼仪传唤庶人，庶人难道敢去吗？况且是用传唤不贤之人的礼仪传唤贤人呢？要见贤人却不遵循见他的途径，犹如想让他进来却故意关上大门。义是途径，礼是大门，唯有君子能沿此途径进出此大门。《诗经》说：‘大道平如磨石，直得就像箭杆。君子在上行走，小人在旁观看。’”

万章说：“孔子听说君命召唤，不等马车驾好就匆匆往前赶，那么孔子做得不对吗？”

孟子说：“孔子当时公职在身，国君以其职务传唤他，他当然必须恭敬应召。”

赏析与写作指导

礼义与行为规范

古语云：“礼不下庶民，刑不上大夫。”治理庶民靠刑律，治理公卿士大夫靠礼义。自天子至公卿大夫直至士，都必须尊奉礼义，以礼义规范自己的行为。天子诸侯虽尊，也不能凌驾于礼义之上。

天子、诸侯、大夫、士，是统治万民、管理天下的阶级，此阶级的各个群体，各有身份和尊严，礼义用以维护各自身份和尊严，协调阶级关系和个人关系。一个学问精深、德行高贵的人，乃是统治阶级的预备力量。如果天子意欲调动他的能力帮助自己治理国家，不可视同臣僚随意征召，而应该恭恭敬敬地像对待老师一样。这是本课的主旨所在。至于他是否愿意出山，是否愿意帮助治理国家，是否愿意接受天子诸侯到访，则要看他对天下有道无道的评估，也要看天子诸侯访贤求贤的恭敬、诚恳程度。所以孟子说：“为其多闻也，则天子不召师，而况诸侯乎？为其贤也，则吾未闻欲见贤而召之也。”

《礼记·学记》对此也有专门论述。有两种身份的人，天子不可把他当臣子看，一种是代表祖先神灵接受祭祀礼拜的人（称为“尸“），一种是老师。天子的老师，在天子面前不行臣子之礼，甚至不用面朝北面表示臣服。这是儒家学说为师道尊严立下的规矩。这个规矩绝不是用来处理天子和老师的个人关系的，而是具有深刻的政治含义。老师学贯天地，博通古今，是天道的化身。师道尊严的本质是尊天道。天子虽尊，但必须服从天道。天道就是用来遏制天子权威的一道紧箍咒。掌握这道咒语的，当然是老师。在天道面前，天子也是必须守规矩的。《礼记·学记》说：“凡学之道，严师为难。师严然后道尊，道尊然后民知敬学。是故君之所以不臣于其臣者二：当其为尸，则弗臣也；当其为师，则弗臣也。大学之礼，虽诏于天子无北面，所以尊师也。”

这种师道尊严的规矩，既维护了天道与贤者的尊严，也为天子诸侯占据道德礼义制高点提供了门径。不但学富五车的贤者乐于守此礼义，天子诸侯也乐于通过践履此礼义而显示自己的诚恳、谦卑和辽阔。鲁穆公（缪公）就曾隆重礼拜贤者子思。他不是召子思来宫廷见面，而是经常亲自登门向子思请教学问和国政（“缪公亟见于子思”）。子思对穆公登门也未曾觉得过意不去，因为这符合当时礼节礼义。他一面称赞鲁穆公是礼义之君，一面时不时地对鲁穆公的言论有所挑剔，这样才能维护礼义的恒久性。子思认为：“以位，则子君也，我臣也。何敢与君友也？以德，则子事我者也，奚可以与我友？”君以位占优，师以德居上。

孔子说克己复礼，可不是一套抽象的概念，所欲复者，乃是一整套礼义观念，以及受此礼义观念制约的一种政治制度、人伦秩序和行为规范。

孟子以“缪公亟见于子思”和“齐景公招虞人以旌”两个故事，重申了社会上上下下，从天子到士大夫，包括有条件跻身于士群体之中的贤能庶民，都应该遵守礼义所规定的行为规范，以及礼义深处的相关观念。尤需格外关注者，乃是子思对鲁穆公言论的反驳、虞人对齐景公传唤的拒绝。

在礼义框架中积极维护自己的身份和尊严，是每个人的权利和义务。卑者不巴结、不逢迎，尊者不傲慢、不任性，是礼义精神内涵的一部分。孟子此文，意旨深远，必须细细咀嚼。

延伸知识

师道何以尊严？

天子不召师，是先秦时代奉行的原则，此原则在秦汉以后没有得到完全遵守，但也没有遭遇完全破坏，后世逐步演变为重德礼贤、师道尊严的观念。

古人为什么主张天子不召师？

文明之初，一国一族的文化、文献、文字、祭祀、信仰、勇力、权威，都集中在君王一个人身上，君王既是政治家、也是宗教家、文化家。随着文明积累的加深加厚，宗教、文化、礼仪、规矩、社会关系、国家治理，全都越来越复杂，君王要处理的政务越来越多。靠君王一个人把先王先民的文化、宗教、治国大道全部学习、继承下来，越来越不可能。于是，统治集团内部出现了分工，君王主要执政治国，巫师卜筮史官掌文献、祭祀、教化，于是，这些文化人由先王经验的研究者，逐步成为先王道统的承载者。君王天子尊师，乃是尊先王道统也。

汉以后政治权威越来越大，文化权威越来越小，天子不召师的礼义原则被破坏，降格为天子征贤索隐，号召百官寻访大德大贤大隐，把他们召到朝廷来委以重任，共治天下。

那些承载道统的大德大贤大隐，每朝每代都有拒绝征辟者，乃是对“天子不召师”的古老礼义传统的坚守。

天子君王早就放弃了“天子不召师”的传统，但他们毕竟坚持了重德礼贤的底线，对应征者甚为礼遇，对不应征者也保持尊重。刘邦建汉，就有东园公等四位贤者谢绝征辟，隐居深山。后来刘邦想废黜太子刘盈（吕后生），改封宠妃戚夫人之子赵王如意为太子。张良给吕后刘盈献计，让他们盛情邀请东园公四贤出入东宫。刘邦见这四贤不愿意辅佐自己，却愿意辅佐太子，马上对戚夫人说，太子已经羽翼丰满，不可更换了。可见在刘邦心中，大德大贤的分量有多重。

科举制度兴起后，天下人才尽入天子彀中，寻德访贤、重德礼贤的风气再一次衰微，但至少保持了师道尊严的底线。

师道何以尊严？这跟“天子不召师”的道理一样，还是因为师者承载着先王法天敬地、仁政爱民的道统。师道尊严何以理所当然，乃因师道代表天道也。中国绵亘几千年的尊师传统，乃是尊天道传统的组成部分。

副课文

僵尸贪财受累

绍兴王生某，食饩（上官校享受廪膳补贴）有年，村中富家延之为师。因屋宇湫隘（jiǎo ài，低洼狭窄），适相距里许有新室求售者，遂买使居。且曰：“家中摒挡（除去废物）未尽，学徒暨馆童辈明晨进馆，先生一夜独眠，能无惧乎？”王自负胆壮，且新室也，何畏之有，乃命童携茗具（茶具）引至书斋。

王周视室内毕，复至门前徙倚。时已夜矣，月色大明，见山下爝（jué）火荧荧。趋往视之，光出一白木棺中。王念：此鬼磷耶？色宜碧。而焰带微赤，得无为金银气乎？忆《智囊》所载：有胡人数辈，凶服舆榇（chèn，棺材）而藁葬城外者，捕人迹之，榇中皆黄白也。此棺毋乃类是？幸无人，可攫而取也。

遂取石块击去其钉，从棺后推卸其盖，则赫然一尸，面青紫而腹膨亨（膨大），麻冠草履。越俗：凡父母在堂而子先亡者，例以此殓。王愕然退缩，每一缩则尸一跃，再缩而尸蹶（jué）然（颠仆貌）起。王尽力狂奔，尸自后追之。王入户登楼，闭门下键。喘息甫定，疑尸已去，开窗视之。窗启而尸昂首大喜，从外跃入。连叩门，不得入。忽大声悲呼，三呼而诸门洞开，若有启之者，遂登楼。王无奈何，持木棍待之。尸甫上，即击以棍，中其肩，所挂银锭散落于地，尸俯而拾取。王趁其伛偻（yǔ lǚ，弯腰曲背）时，尽力推之，尸滚楼下。旋闻鸡啼，从此寂无声响矣。

明日视之，尸跌伤腿骨，横卧于地。遂召众人，扛而焚之。王叹曰："我以贪故，招尸上楼；尸以贪故，被火烧毁。鬼尚不可贪，而况于人乎！"

——〔清〕袁枚《子不语》

思考与训练

1.“志士不忘在沟壑，勇士不忘丧其元。”此言历史上甚为有名，有个成语“不忘沟壑”即源于此。《孟子·滕文公下》再次出现此语。意为：大丈夫时刻不忘为道义抛头颅洒鲜血，即使抛尸沟壑也在所不惜。请举出古今四位“不忘沟壑”的英雄人物，向身边朋友简述他们的事迹。

____

____

____

2.中国古代作家创作文学作品时，均十分注重道德教化。副课文《僵尸贪财受累》，哪几句话集中体现了作者进行道德教化的用心？请抄写于此：

____

____

____

第十课 清廉到死季文子

〔春秋〕左丘明

题解

本文主旨在表彰一位清官。清廉是对官员的基本要求，但是因为很多官员做不到，渐渐变成了特别高的要求。古代清廉官员很多，但是身为宰执几十年，而能清廉如季文子者，毕竟很少，故左丘明要特记一笔，以彰其德。

人物故事

左丘明（前 502—前 422）：本名丘明，其先祖曾任楚国左史官，故称左丘明。鲁国太史，春秋末期著名史学家、思想家，著有《春秋左氏传》《国语》。据传左丘明曾与孔子一起赴周，研究过周王史书，故熟悉诸国史事，能理解孔子思想。《左传》记录了春秋时期各国大量史料，居功至伟。本附骥于《春秋》而流传，后逐渐晋升为经书，跟《论语》《孟子》《礼记》一样跻身于“十三经”之列。司马迁以“左丘失明，厥有《国语》”鼓励自己忍辱负重著《史记》。

季文子（？—前 568）：即季孙行父。春秋时期鲁国正卿，前 601 年—前 568 年执政。姬姓，季氏，谥文，史称“季文子”。

主课文

季文子卒。大夫入敛，公在位。宰庀[1]家器为葬备[2]，无衣帛之妾，无食粟之马，无藏金玉，无重器备。君子是以[3]知季文子之忠于公室[4]也。相[5]三君矣，而无私积，可不谓忠乎?

（选自《左传·襄公五年》）

注释

[1] 庀（pǐ）：治理、整理。

[2] 葬备：葬礼所需器物。

[3] 是以：以是，凭此。

[4] 公室：国家。

[5] 相：辅佐。季文子长期担任执政，即后世所谓宰相。

参考译文

季文子逝世。根据大夫入殓礼的规定，鲁襄公亲自到奠礼上凭吊。家臣一直在整理季家财物，寻找可用以陪葬的器物。其妾没有一个穿丝绸的，马从来不用粮食喂养，家里没有铜器、玉器等珍玩，一切用具都只有正在使用的一件，而没有储备第二件。在场者由此明白季文子的廉洁与忠诚：辅助过三朝国君，而穷得没有一点积蓄，难道不称得上忠诚吗？

赏析与写作指导

用事实说话

本文主旨在强调季文子特别忠于国家，证明方法是描述他的廉洁，执掌国政几十年竟然不谋一点私利。何以证明其廉洁过人呢？本文用了四个论据：

1. 无衣帛之妾；
2. 无食粟之马；
3. 无藏金玉；
4. 无重器备。

说话要有依据，要表现这种世所罕见的廉洁，更需要足够的依据。本文用事实说话的方法，最有说服力。文章最后盛赞季文子忠于国家、一心为公，读者不会有任何怀疑和抵触。读过前面四条论据，读者心里已经得出这样的结论了。这对习者写作文，一定很有启发。

延伸知识

清廉高品照汗青

《左传》不但写了许多贪赃枉法的逆臣贼子，也写了许多克己奉公的贤良之才。有人说中国文化是圣贤文化，颇中肯綮。

也许有人认为，只有中华人民共和国成立初期才有这种清廉官员，须知那时的中国社会，并非从天而降，而是从古老中国的传统中走出来的。古代廉官不但多而且很普遍。中国一面有“三年清知府，十万雪花银”的谚语，用以揭示官员贪财，一面有大量地方官员死后竟然无钱将灵柩运回老家的事实。这种清廉困乏，京官也为数不少。被清政府杀害的戊戌六君子，有两位四川人——杨锐、刘光第，他们官至四品，比七品县官地位高很多，可是他们几乎家徒四壁，牺牲后靠老乡集资，家属才能将灵柩运回四川老家。

古代有一个“赙”（fù）字，就是专指大家给死者集资安葬。需要“赙”者不只有穷困老百姓，也有大量清廉官员。

官员掌控国家财产的宏观分配，截留点油水十分方便，这就是所谓“职务之便”啊，所以中国自古以来要求官员不可因便而贪，必须克己奉公，清廉自持。真的完全符合国家要求当然不容易，因此才出现对清官的鼓励与歌颂。

一个官员究竟能否坚持清廉，大的方面取决于制度环境，小的方面取决于个人理想、性格与人品。管仲执政齐国几十年，富可敌国。因为他领导齐国称霸天下，贡献巨大，齐桓公对他敛财没意见，后世文人对他也无非议，连孔子都只谈他的贡献，没骂过他贪得无厌。

季文子执政鲁国几十年，竟然贫寒如此。“无衣帛之妾，无食粟之马，无藏金玉，无重器备。”连随葬器物都找不出来，堪称廉洁之极。后世读者面对这段文字，可能没有一个不动情的。连孔子都说季文子过于谨慎：

季文子三思而后行。子闻之，曰：“再，斯可矣。”（《论语·公冶长第五》）

孔子此言，不知是否含有待己过苛之意。

副课文

紫姑神

尤琛者，长沙人，少年韶秀。偶过湘溪野，庙塑紫姑神甚美，爱之。手摩其面而题壁云：“藐姑仙子落烟沙，玉作阑干冰作车。若畏夜深风露冷，槿篱茅舍是郎家。”

是夜三鼓，闻有叩门者。启之，曰：“紫姑神也。妾本上清仙女，偶谪人间，司云雨之事。蒙郎见爱，故来相就。若不以鬼物见疑，愿荐枕席。”尤狂喜，携手入室，成伉俪（kàng lì，夫妻）焉。嗣后每夜必至，旁人不能见也。手一物与尤曰：“此名紫丝囊，吾朝玉帝时织女所赐，佩之能助人文思。”生自佩后即入泮（pàn），举于乡，成进士，选四川成都知县。女与同行，助其为政，发奸摘伏，有神明之称。

忽一日，谓尤曰：“今日置酒，与郎为别，妾将行矣。妾虽被谪谴，限满原可仍归仙籍。以私奔故，无颜重上天曹；地府又以妾本上界仙人，不敢收之鬼箓（lù，簿籍）。自念此身飘荡，终非了计。虽托足君门，尚无形质，不能为君生育男女。昨将此情苦求泰山神君，神君许将妾名收置册上，照例托生。十五年后，可以重续爱缘，永为夫妇，未知君能勿娶，专相待否？”尤唯唯，不觉涕下。女亦凄然，大恸而去。自此，尤作官不如前时之明，因罣（guà）误革职。人有求婚者，毅然拒之。年四旬，犹只身也，如是者十五年。

房师某学士，愍（mǐn，悯）其鳏居，为议婚。生又坚拒，并道所以。学士大骇，曰：“若果然，则吾堂兄女是已。吾堂兄女生十五年，不能言，但能举笔作字。每闻人议婚，必书‘待尤郎’三字，得毋即汝乎？”拉尤至兄家，请其女出见。女隔帘书“紫丝囊在否？”尤解囊呈验，女点首者三，遂择日成婚。合卺（jǐn，酒器）之夕，女仰天一笑，即便能言。然从此绝不记前生原委，如寻常夫妇。

——〔清〕袁枚《子不语》

思考与训练

不但官员有贪与廉之分，老百姓也有爱占小便宜和不爱占小便宜之别。仔细观察你身边的人，看看谁是比较贪利者，谁是不怎么贪利者。你能找到事实证明你的观察结果吗？

史部

第十一课 解扬忠勇

〔西汉〕司马迁

题解

这是一个关于使臣的故事。晋国使者解扬成了楚军俘虏，却利用敌方提供的条件，把晋景公让他传达的信息传达给宋国军民。这种忠于职守、不怕牺牲的精神，既感动了晋国，也感动了楚国。

人物故事

司马迁（约前145—约前90）：字子长，西汉史学家、文学家、思想家。汉武帝时期先后任郎中、太史令、中书令。在朝堂为李陵兵败投降匈奴仗义辩解，被汉武帝判死刑。司马迁为了继承父亲司马谈遗志，决意完成巨著《史记》，乃要求以宫刑取代死刑，忍辱负重活了下来。他把一生的抱负、屈辱、探索，跟中华民族3000年的奋斗、厮杀、建树融为一体，写出中国第一部纪传体通史著作《史记》。司马迁是汉前期百科全书式的大学者，《史记》是华夏几千年文明成就的结晶，它在史学史、文学史、思想史上，都具有举足轻重的地位。

解扬（生卒年不详）：春秋时期晋国大夫，封地在霍邑。《左传》文公八年(前619)、鲁宣公十五年(前594)均记其事。霍邑，今山西省霍州市南霍山一带。

伯宗(?—前576)：姬姓，郤氏旁支，春秋时期晋国大夫。贤而好直言。晋景公想发兵攻打楚国，解救宋国，伯宗以“鞭之长，不及马腹”谏止景公。成语“鞭长莫及”即源于此。

主课文

十一年[1]，楚庄王伐宋，宋告急于晋。晋景公欲发兵救宋，伯宗谏晋君曰：“天方开楚，未可伐也。”乃求壮士得霍人解扬[2]，字子虎，诓楚[3]，令宋毋降。

过郑，郑与楚亲，乃执解扬而献楚。

楚王厚赐与约，使反其言，令宋趣降[4]，三要乃许[5]。

于是楚登解扬楼车，令呼宋。遂负楚约[6]而致其晋君命曰：“晋方悉国兵以救宋，宋虽急，慎毋降楚，晋兵今至矣！”

楚庄王大怒，将杀之。解扬曰：“君能制命为义，臣能承命为信。受吾君命以出，有死无陨[7]。”

庄王曰：“若之许我，已而背之，其信安在？”

解扬曰：“所以许王，欲以成吾君命也。”将死，顾谓楚军曰：“为人臣无忘尽忠得死者！”

楚王诸弟皆谏王赦之，于是赦解扬使归。晋爵之为上卿。

(选自《史记·郑世家》)

注释

［1］十一年：指郑襄公十一年，相当于《左传》纪年宣公十五年，前 594 年。

［2］霍人解扬：解扬为晋国大夫，封地在霍邑。霍，今山西省霍州市南霍山一带。

［3］诓楚：迷惑楚军。

［4］趣降：赶紧投降。

［5］三要乃许：楚庄王多次要挟逼迫，解扬才应许。

［6］负楚约：背叛楚王刚才的约定。

［7］有死无陨（yǔn）：宁可牺牲生命，也不可让君命消亡。陨，同“殒”，毁灭、死亡。

参考译文

郑襄公十一年（前 594），楚庄王伐宋，宋国向晋国求救。晋景公想派军救助，伯宗进谏说：“上天正使楚国开疆拓土，我们还不能讨伐它。”晋国于是找到霍邑大夫解扬，字子虎，让他去迷惑楚国，鼓励宋国别投降。

解扬路过郑国，郑国和楚国亲近，抓住解扬送给楚国。

楚王厚赏解扬，要他反言其意，劝宋国尽快投降。楚王反复要挟，解扬才勉强答应。

于是楚王让解扬登上观望敌军的楼车，让他向宋军喊话。解扬违背与楚王的约定，传达了晋君给他的命令，大声喊：“晋国正在召集全国的军队来救宋国，宋国虽然很危急，千万不能投降，晋军马上就要赶到了！”

楚王大怒，要杀解扬。解扬说：“国君以制定命令为职责，臣子以执行命令为信义。我受国君命令出国办事，宁可牺牲生命，也不能让君命消亡。”

庄王说：“你已经答应我，不久又背叛，所谓信义何在？”

解扬说：“我答应您，是为了有条件完成我国君之命。”马上要受刑了，解扬回头对楚军说：“为人臣者，别忘尽忠而死！”

楚王几个弟弟都进谏赦免解扬，楚王于是赦免他，让他归晋。晋国授予他上卿爵位。

赏析与写作指导

文似看山不喜平

文似看山不喜平，有波折才有看头。

这篇《解扬忠勇》，不但有波折，而且是由波折催生的。如果晋景公如意派救兵，就没解扬的特殊任务，也就没这篇文章了。

大臣伯宗反对晋景公出兵，为文章第一个波折。于是找出解扬使宋，由派兵变成了派安慰大使。

解扬过境郑国时，被逮住，“郑与楚亲，乃执解扬而献楚”。郑乃小国，夹在晋楚两大国之间，左右为难。一会儿跟晋国好，共同对付楚国，一会儿跟楚国好，共同对付晋国。这会儿赶上它正跟楚国交好，所以它把晋国使者解扬送给楚国。既然被敌国所俘，自然只能有辱使命了。这是第二个波折。

楚庄王如获至宝，搞起了反间计。“厚赐与约，使反其言，令宋趣降，三要乃许。”楚王给了许多金银财宝，多次逼解扬为楚国说话。解扬竟然答应配合反间计，这是第三个波折。

到了宋城，解扬忽然“负楚约而致其晋君命”，利用要他喊话劝降的机会，大大鼓励宋军一番，把晋景公要他传达的话，完整传达给了宋军。这是第四个波折。“楚庄王大怒，将杀之。”这不算波折，因为他破坏楚国利益，违逆楚王旨意，杀头是顺理成章的结果。

可是解扬视死如归，因完成晋君之命而欣喜。“君能制命为义，臣能承命为信。受吾君命以出，有死无陨。”他的成就感和崇高感无可掩饰，临死前还回头对身边的楚军将士宣扬其价值观：“为人臣无忘尽忠得死者！”死刑对他来说既非恐惧也非惩罚，反倒是对他的成全。这是第五个波折。

如此戏弄楚军，被楚军所杀，似乎顺理成章。可是楚王兄弟被解扬的忠勇豪情和大丈夫气概所震撼，带着敬意赦免他。这是第六个波折。

为了让楚王的赦免来得自然一些，司马迁特地增加了“为人臣无忘尽忠得死者”这句表达其价值观的话，《左传》中无此语，故系司马迁所增。

可敬的解扬忽然死里逃生，读者心里春风轻拂，阳光明媚。每一波折都有点意外，又都在情理之中。读者情绪跟着文章起伏动荡，心跟文章内容越贴越紧。

解扬使宋，虽然没有见到宋君宋臣，只以楚军俘虏的身份对城墙上的宋国将士喊了那么一嗓子。可是这一嗓子比使者的说辞光彩百倍。晋国把他看作大英雄，由普通大夫一下子晋升为上卿。何谓上卿？宰相是也，执政是也（《史记·廉颇蔺相如列传》中的蔺相如，就因为外交上捍卫了赵国尊严，也被授予上卿职位）。文章至此大团圆结局，皆大欢喜。

爱国之心大多数人都有，可是爱国有时是需要付出代价的。在爱国路上走到极致，随时愿意献出生命，却非人人都能做到。国家为重，生命为轻，当生即生，当死即死，这种英雄气概并非人人具有，所以在任何时代都会受到国家与人民的格外敬仰。

我第一次从《史记》中读到这个故事，赶紧放下书，在家里踱步好几圈，以此平息或者说享受内心的震撼。后来又在《左传》中重逢之，依然感动不已。人活到这种境界，才叫伟人啊。即使他是一位伙夫走卒，也堪称伟人。

西周各国，受封时都是方圆几十里的地盘，晋国为什么迅速崛起，成为称霸天下的大国，就因为晋国多有解扬式的爱国英雄。

《左传》中伯宗的话记了很长一段，因为大臣说服君王改变主意，必须说出足够的理由。解扬回应楚王的背约谴责，《左传》也写了一大段，比伯宗的话还长。《史记》对此做了大量删节。伯宗的话仅剩下“天方开楚，未可伐也”一句，因为司马迁要突出的是解扬。解扬回应楚王的话也只剩下一句：“君能制命为义，臣能承命为信。受吾君命以出，有死无陨。”因为此处只要表现解扬坚定的信念即可，无须多说大道理。言语太多，反倒妨碍读者对其内心世界的观照与体会。

两相比较，《左传》重于记事，左丘明是历史学家，他必须如实记叙事件的经过，文体上不是特别讲究，塑造人物的意识则非常淡漠。

《史记》既要记事又要塑造人物，司马迁既是历史学家又是文学家，有强烈的文体意识和塑造人物形象的冲动，所以他对材料的处理与左丘明颇多差异。

司马迁对于顶天立地、气贯长虹的英雄人物，总是深怀敬仰，《史记》每写此种大丈夫气概，常常删枝去叶，突出主干，使其气概光芒四射。

其实所有胸怀德义、面带阳光的写作者，都会饱含敬仰歌颂这种英雄人物和献身精神。

延伸知识

外交的本质是维护国家利益

有周一代，大多数诸侯国的合法性都来自周天子的册封，其最初的国土也由周天子封赏或确认。诸侯对天子承担的主要义务，是天子遭遇戎狄入侵或侯国叛乱时，必须出兵勤王。其他的义务，仅限于为天子祭祀进贡一些祭品。楚国非周天子所封，而是得其认可，它承担的义务尤少。管仲率齐军伐楚，数落它对天子不恭，所列过错不过是按惯例应该进贡的茅草（用于过滤酒糟）没有及时送到。如果楚国还有更大的义务，他一定会重点谴责。

春秋时期，周天子势力衰落，无力维护礼制的权威。诸侯国先后崛起五霸，他们起到了辅佐周室、维持天下秩序的作用。五霸虽然四处征伐，扩大版图，但也通过频繁的外交活动特别是会盟活动，保证了列国的均势。而且，也都认可周室名义上的宗主地位。

所以，有周一代是中国历史外交最为发达的时代。诸侯与诸侯是外交，诸侯与天子也是外交（但郡县制中郡县跟天子交往不是外交）。

解扬就是一个外交使者。当时晋国称霸时代已经结束（但依然强大），进入楚庄王称霸时代。所以晋臣伯宗主张不要派兵援助宋国，万一被楚军打败，晋国可能一蹶不振。伯宗绝对是为国家利益考虑，所以得到晋景公认可。于是改为派使者表明态度，对宋国进行精神鼓励，对楚国进行精神恐吓。解扬虽成俘虏，但是庄严坚定，大义凛然，巧妙地完成了晋君的任务，展现了坚不可摧的国家意志和个人节操，有效地维护了国家尊严和国家利益。

外交的本质是什么？外交就是维护并扩大国家利益。为了维护和扩大国家利益，需要战争就战争，需要友好就友好。无论战争还是友好，都是手段，其共同目的是维护并扩大国家利益。把友好设置为目的，或把战争设置为目的，都是错把手段变目的，其错误性质同样严重，其不利后果同样恶劣。春秋战国时期极其发达的外交实践，总结起来就是这个道理。《左传》《国语》《战国策》《史记》，讲的都是这个道理。

如果一个现代国家的外交思想竟然是发展友谊，成天赔笑送礼，那不但会成为国际笑话，也必定会给国家利益和尊严带来根本伤害。长期用此错误观念指导外交，该国将离覆亡不远。楚怀王认为外交就是对秦国友好，多赔笑多送礼多割地就行，这就是错把手段当目的。其结果是自己被秦王扣留在秦国，郁郁而终，楚国被秦国吞并。可见赔笑送礼的外交思想只会导致身死国灭。

解扬使宋是外交使者，蔺相如使秦是外交使者，晏子使楚是外交使者，毛遂陪平原君求救于楚国也是外交使者，孔子跟齐君会盟也是外交使者。他们都是维护国家利益的典范，是历史上光昭日月的爱国主义者，是今天我们建构外交理念、发展外交思想、指导外交实践的宝贵资源。

今日讲民族文化复兴，对外交领域特别重要。如果中国官民都能受到足够多的传统文化教育，都是读《左传》《国语》《战国策》《史记》长大的，中国的国家利益就能得到有效维护，民族复兴就多一重保障。

副课文

村民携兵拦乾隆

乾隆五十余年春，巡畿甸，突有村民犯跸，手携兵器。为扈从侍卫所格，讧(hòng)被执。诘之，曰:“直隶人。”纯庙震怒，曰:“朕每年春秋两巡，累及近畿百姓，固应怨我。然两次所免钱粮，积数十年计之，亦不为少，竟不足以生其感乎？是殆有主之者矣。”

时总督方恪敏公观承，已于卡伦门外接驾。一闻此事，飞骑追上，而乘舆已前行。公疾趋伏道旁，大声呼曰:“臣方观承奏明，此人是保定村中一疯子也。”上闻，稍回顾，而乘舆已入宫门。

甫降舆，即传军机大臣入对。上曰:“顷犯跸之人，据方观承奏是一疯子，不知究竟如何？”军机大臣碰头奏曰:“方观承久于直隶，据所奏是疯子，自然不错。”上曰:“既系如此，即交尔等会同刑部严讯，作疯子办理亦可。”军机大臣碰头谢出，即日在行帐中定案。

当是时，众情危惧，不知此案将如何株连。乃以恪敏公片语回天，其事骤解，如浮云之过太虚。真所谓仁人之言，其利溥（pǔ）哉。后恪敏公之子勤襄公（维甸）亦继武（足迹相连）为直隶总督，国恩家庆，其原有自来矣。

此事蒋砺堂节相为家大人所述，并云恪敏在直隶功德甚盛。此其逸事行状，墓志所不载，我辈宜笔之于书也。

——〔清〕梁恭辰《北东园笔录初编》

思考与训练

1. 按照《左传·宣公十五年》记载，伯宗反对晋景公出兵救宋，说了较长一段话，其中前几句如下："不可。古人有言曰：'虽鞭之长，不及马腹。'天方授楚，未可与争。虽晋之强，能违天乎？"请将这几句话译成白话文。

____

____

____

2. 文言文省略主语的情况比较多，有时候行文中主语已经改变，可是因为省略，读者稍微粗心就难以意识到，这给我们的阅读增加许多困难。我们必须高度重视，有意克服这个困难，以尽快提高文言文阅读能力。细读主课文下面句子，在括号内填写后边行为的主语是谁。

于是楚登解扬楼车，(　　)令呼宋。(　　)遂负楚约而致其晋君命曰："晋方悉国兵以救宋，宋虽急，慎毋降楚，晋兵今至矣！"

第十二课 黄帝本纪

〔西汉〕司马迁

题解

本文是《史记》开篇。这不是一篇简单的帝王本纪，而是一篇确立中华民族世世代代种族认同的宏文。司马迁说，黄帝是吾夏历史上第一位帝王，是民族始祖。后来世世代代的帝王，舜也好，禹也好，汤也好，武王也好，都是黄帝的嫡系子孙。司马迁应该也知道，这种说法不太可能符合事实，忽略了文明起源的复杂性，但他依然这么说，并因此成为吾夏历史上第一个自觉地建构民族起源和民族认同的思想家。这种建构非常重要。中国各族各地没有像古代欧洲那样分崩离析，秦始皇的铁血统一和司马迁的文化建构，起了关键作用。

人物故事

黄帝（约前 2717 年—前 2599）：古华夏部落联盟首领，华夏民族共主。五帝之首。被尊为中华人文始祖。本姓公孙，后改姬姓，故称姬轩辕。居轩辕之丘，号轩辕氏，建都于有熊，亦称有熊氏。也有人称之为帝鸿氏。黄帝时代农业生产已经发达，天文知识日益丰富，于是始制衣冠、建舟车、制音律、创医学等。民族融合渐趋成熟，文明和文化也进入成熟期。司马迁认为，黄帝不但是华夏始祖，也是蛮夷（如东夷、九黎、匈奴等）始祖，自黄帝以来的历代政权，都是黄帝后裔建立的，因此在血脉、道统上都是贯通的。

主课文

黄帝者，少典之子，姓公孙，名曰轩辕。生而神灵，弱[1]而能言，幼而徇齐[2]，长而敦敏，成而聪明。

轩辕之时，神农氏[3]世衰。诸侯相侵伐，暴虐百姓，而神农氏弗能征。于是轩辕乃习用干戈[4]，以征不享[5]，诸侯咸来宾从[6]。而蚩尤最为暴，莫能伐。炎帝欲侵陵诸侯，诸侯咸归轩辕。轩辕乃修德振兵，治五气[7]，艺[8]五种[9]，抚万民，度[10]四方，教熊罴、貔貅、貙虎[11]，以与炎帝战于阪泉之野[12]。三战，然后得其志。

蚩尤作乱，不用帝命。于是黄帝乃征师诸侯，与蚩尤战于涿鹿之野[13]，遂禽杀蚩尤。而诸侯咸尊轩辕为天子，代神农氏，是为黄帝。天下有不顺者，黄帝从而征之，平者去之，披山通道，未尝宁居。

东至于海，登丸山，及岱宗。西至于空桐，登鸡头。南至于江，登熊、湘。北逐荤粥[14]，合符釜山，而邑于涿鹿之阿。迁徙往来无常处，以师兵为营卫。官名皆以云命，为云师。置左右大监，监于万国。万国和，而鬼神山川封禅与为多焉。获宝鼎，迎日推策[15]。举风后、力牧、常先、大鸿以治民。顺天地之纪，幽明之占，死生之说，存亡之难。时播百谷草木，淳化鸟兽虫蛾，旁罗日月星辰，水波土石金玉[16]，劳勤心力耳目，节用水火材物。有土德之瑞，故号黄帝。

黄帝二十五子，其得姓者十四人[17]。

黄帝居轩辕之丘，而娶于西陵之女，是为嫘祖。嫘祖为黄帝正妃，生二子，其后皆有天下：其一曰玄嚣，是为青阳，青阳降居江水；其二曰昌意，降居若水。昌意娶蜀山氏女，曰昌仆，生高阳，高阳有圣德焉。黄帝崩，葬桥山。其孙昌意之子高阳立，是为帝颛顼也。

（节选自《史记·五帝本纪》

注释

[1] 弱：出生两三个月的婴儿期。

[2] 徇齐（xùn qí）：疾速。引申指敏慧。

[3] 神农氏：中国上古部落联盟首领。他是有巢氏、燧人氏、伏羲氏、女娲氏、神农氏中最后一位，其部族为神农。传说神农氏的肚皮是透明的，可以看见各种植物在肚子里的反应。这样能分辨什么植物可以吃，什么植物不可以吃，以辨别药物作用。传说神农教人种植五谷、豢养家畜，并撰写了人类最早的医学著作《神农本草经》。神农氏是中华民族之祖、农业之祖、医药之祖、商贸之祖、音乐之祖等，对中华文明有不可磨灭的

巨大贡献，被后世尊称为“三皇”之一。他是代表汉族社会农业的起源和农业社会的成型。

[4] 习用干戈：沿袭（神农氏的权力和规范），用干戈维持天下秩序。

[5] 不享：不来朝贡。

[6] 宾从：臣服。

[7] 五气：金木水火土。

[8] 艺：种植。

[9] 五种：指稻、黍、麦、菽、稷五种农作物。

[10] 度：审视。

[11] 熊罴貔貅貙虎：指熊、罴（pí）、貔（pí）貅（xiū）、貙（chū）、虎等猛兽。

[12] 阪泉之野：一说河北涿鹿，一说山西运城。一说北京延庆，一说河南洛阳。

[13] 涿鹿之野：河北涿鹿。

[14] 荤粥（xūn yù）：即匈奴。匈奴在夏朝时称荤粥，商朝时称鬼方，周朝时称猃狁（xiǎn yǔn）、獯鬻（xūn yù），战国后才称匈奴。

[15] 获宝鼎，迎日推策：意思不明确，疑为制定立法。

[16] 旁罗日月星辰，水波土石金玉:《史记》专家认为此句文字有误，解不通。

[17] 得姓者十四人：得黄帝姓的有十四人，如姬、己、滕、任、荀等。

参考译文

黄帝，少典部族苗裔，姓公孙名轩辕。他生而有灵性，在襁褓中就会说话，幼时聪明机敏，长大诚实勤奋，成人后聪慧过人，善谋善断。

神农氏的势力衰弱，一些诸侯仗势欺人，祸害百姓，神农氏无力征讨。于是轩辕就动用武力去讨伐那些不守纪律、不来朝拜神农氏的人，守礼诸侯都对他表示拥戴与臣服。

蚩尤最为凶暴，没人能够对付他。炎帝也好勇斗狠，倚强凌弱，守礼诸侯都拥护轩辕。于是轩辕修德强军，研究四时变化，种植五谷，安抚民众，审视四方。训练熊、罴、貔貅、貙、虎等猛兽，在阪泉郊野与炎帝激战，打了三仗才制服炎帝。

蚩尤发动叛乱，不听从黄帝命令。黄帝征调诸侯军队，在涿鹿郊野与蚩尤作战，终于擒获并杀死蚩尤。诸侯尊奉轩辕做天子，取代神农氏，这就是黄帝。天下不归顺者，黄帝就前去征讨。平定一处又去抚平他处，一路上劈山开道，未曾有过稳定的居所。

黄帝往东到东海，登上丸山和泰山。往西到空桐，登上鸡头山。往南到长江，登上熊山、湘山。往北驱逐荤粥部族，来到釜山与诸侯合验符契，在涿鹿山脚下建都邑。

黄帝四处迁徙，没有固定住处，带兵走到哪里，就在哪里设置军营以自卫。黄帝所封官职都用云来命名，军队号称云师。他设置了左右大监，由他们督察各诸侯国。万国由此安定。自古以来，祭祀鬼神山川，要数黄帝时最多。

黄帝获得上天赐给的宝鼎，观测太阳的运行，用占卜用的蓍草推算历法，预知节气。他任用风后、力牧、常先、大鸿等治理民众。黄帝顺应四时规律，推测阴与阳，讲解生与死，讨论存与亡。按季节播种百谷，管理草木，驯养鸟兽蚕虫，测定日月星辰，收取土石金玉以供民用。身心耳目，饱受辛劳，适度取用水、火、木材及各种财物。他做天子有土之祥瑞征兆，土色黄，所以号称黄帝。

黄帝有 25 个儿子，其中得到自己姓氏的有 14 人。

黄帝住在轩辕山，娶西陵氏的女儿为妻，即嫘祖。嫘祖是黄帝正妃，生有两个儿子，他们的后代都领有天下：一个叫玄嚣，也就是青阳，青阳被封为诸侯，居江水；另一个叫昌意，也被封为诸侯，居若水。昌意娶了蜀山氏的女儿，名叫昌仆，生下高阳，高阳有圣人之德。

黄帝死后，葬在桥山。他的孙子，也就是昌意的儿子高阳即帝位，就是颛顼帝。

赏析与写作指导

黄帝乃华夏共祖

《五帝本纪》是《史记》开篇，《黄帝本纪》是《五帝本纪》开篇。《黄帝本纪》从四个方面描述黄帝。

一是个人禀赋，“生而神灵，弱而能言，幼而徇齐，长而敦敏，成而聪明。”

二是挺身而出，征讨“暴虐百姓”的部落，刻画其“抚万民，度四方”的伟大胸怀。

三是平定天下之后，为了谋求稳定，四处奔波。“东至于海，登丸山，及岱宗。西至于空桐，登鸡头。南至于江，登熊、湘。北逐荤粥，合符釜山，而邑于涿鹿之阿。迁徙往来无常处。”突显其辛苦操劳。

四是介绍其家庭、葬地和后裔。“其孙昌意之子高阳立，是为帝颛顼也。”为建构后世圣明天子都是黄帝苗裔埋下伏笔。

《史记》此开篇之作，乃是司马迁建构民族共祖、确立民族起源的开山之作，信息特别丰富，一定要认真对待。

延伸知识

“炎黄子孙”称谓的来历

晚清时期，中国面临亡国灭种之忧，“炎黄子孙”称谓流行开来。早在春秋战国时期，就有“黄炎之后”“黄炎苗裔”等观念。《国语·晋语》说：“昔少典娶于有蟜氏，生黄帝、炎帝。黄帝以姬水成，炎帝以姜水成。”《国语》据传为春秋末期左丘明所著。该书把黄帝、炎帝描述为同母兄弟，为后世“黄炎子孙”“炎黄苗裔”等说奠定了历史基础。

汉高祖刘邦编造了赤帝（炎帝）子斩白帝子（白蛇）的故事，为以汉替秦作舆论准备。前 110 年，汉武帝率 10 余万大军北巡朔方，归途中隆重祭祀黄帝陵。王莽新朝替汉时自称黄帝之后，声称“姚、妫、陈、田、王凡五姓者，皆黄虞苗裔，予之同族也”。这些政治表述，使“黄帝苗裔”观念进一步巩固。

在确立黄帝作为华夏始祖地位方面，起到关键作用的是司马迁所著《史记》。司马迁从战国时期关于民族起源的各种传说、论断中，选定黄帝起源说，此后其他传说逐渐淡化，黄帝起源说逐渐凸显，并成主流。

在《史记》世界，圣明天子尧、舜、禹、汤、文王、武王均是黄帝苗裔，秦、楚、吴、越等边地诸侯，以及匈奴、莱夷等也是黄帝子孙。《史记》把神州大地所有种族，统统纳入以黄帝为始祖的华夏谱系之中。

司马迁坚持大一统政治观、历史观和民族观，将黄帝作为民族共祖的地位书于竹帛，对于国人认知民族起源、巩固民族认同起了关键作用。

副课文

潘氏厚德

苏州巨族，以潘姓为最，有富潘、贵潘两派。然富者不必贵，而贵者乃兼富，今芝轩先生家是也。其先世封翁某居乡有盛德，凡扶危济困、矜孤恤寡之事，莫不本至诚恻怛以为之。

尝于除夜（除夕夜），见厅事前有匐伏于黑暗中者，烛之，乃邻家子也。忸怩言曰：“某不肖，好赌博，负人累累。今除夜，索逋者甚急，不得已，欲乘夜行窃。既被获，乞饶命而已。”翁悯之，曰：“若干得了诸负？”曰：“十金。”翁曰：“何不早告我？”命之坐，出二十金与之曰：“以半偿负，以半作小经纪。但愿汝戒赌，勉为安分良民。我誓不以今夜之事告人也。”其人泣谢去。

后十余年，翁入山相一坟地，未知为何氏产。就村店沽饮，店主拜于前，乃即前除夜所见之邻家子也。盖其人得金后，感翁之德，来此为旗亭（酒楼）业，颇获利，娶妻生子矣。见翁大喜，款留下榻。翁亦喜，因询以顷所卜之地，则曰：“此某所买，欲以葬先人者，恩人以为佳，请献之。”翁不可。再三恳允，乃厚偿其值而立券焉。

堪舆家（风水先生）见之，无不以为状元宰辅吉穴。葬后不数传（数代），榕皋、铁华两先生先后成进士。至癸丑，芝轩先生遂得大魁。乙卯，榕皋之子（世璜）探花及第。今芝轩先生子又登科甲矣。彭咏莪曰：“芝轩先生为人宽厚，其仆有过恶宜驱者，不面加呵斥，但粘一纸于僻处，令其自知而辞去。”余谓即此可征相度矣。

——〔清〕梁恭辰《北东园笔录初编》

思考与训练

1. 有人说，写历史，就应该如实记录，只能写那些经得起考证的事实，黄帝是个传说人物，《史记》不应该以他开篇。有人说，从来没有就事论事的历史，历史本来就是建构，各族各国历史都是按照本族本国的理想、愿望、利益需求、外交需求建构起来的，用以作为凝聚民族认同、国家认同、文化认同的基础。

你愿意支持上述哪一种观点？英国、法国、美国、澳大利亚、日本、越南等国的历史，是如实照录，还是刻意建构的？

2. 请在下列括号中，填上句子的主语。

(　)东至于海,(　)登丸山,(　)及岱宗。(　)西至于空桐,(　)登鸡头。(　)南至于江,(　)登熊、湘。北逐荤粥，合符釜山，而邑于涿鹿之阿。(　)迁徙往来无常处,(　)以师兵为营卫。

____

____

____

3. 副课文《潘氏厚德》云:“堪舆家见之，无不以为状元宰辅吉穴。”风水先生此预言，后来是否得到历史的证实？请仔细研读原文，寻找答案。

____

____

____

第十三课 朱家救季布

〔西汉〕司马迁

季布是钦定要犯，遭到通缉。朱家认为他是个人物，千方百计解救他，还真说服了汉高祖刘邦。朱家与刘邦评价人才的标准、对人才的重视，都很接近。朱家的侠义和口才、思想高度，均卓异天下。

人物故事

夏侯婴（？—前 172）：沛县人，曾在滕县任官，人称滕公。素与刘邦亲善，随刘邦起事反秦，屡立殊功，被封为汝阴侯。韩信就是他推荐给萧何的，萧何又推荐给刘邦。彭城战败，汉王刘邦仓皇逃窜，夏侯婴不顾刘邦多次阻止，冒死救下刘邦的一儿一女，即汉孝惠帝和鲁元公主。在高祖、惠帝、文帝时期，均任太仆（掌帝王车舆和马政），为九卿之一。三国时期著名人物夏侯惇、夏侯渊、夏侯霸、夏侯玄，都是其后裔。

季布：楚地人，生卒年不详，曾随西楚霸王项羽打天下，英勇善战，多次击败刘邦。刘邦灭楚后通缉季布，后经周氏、朱家营救，夏侯婴说情，刘邦赦免他，官拜郎中。惠帝时任中郎将。文帝时任河东郡守。文帝曾想晋升其为御史大夫，因有大臣反对未果。他为人仗义，好救人之急，讲信重诺。楚人流传“得黄金百斤，不如得季布一诺”谚语，成语“一诺千金”源于此。

主课文

季布者，楚人也。为气任侠，有名于楚。项籍使将兵，数窘汉王[1]。及项羽灭，高祖购求布千金[2]，敢有舍匿，罪及三族。

季布匿濮阳周氏。周氏曰：“汉购将军急，迹且至臣家，将军能听臣，臣敢献计；即不能，原先自刭[3]。”季布许之。乃髡钳[4]季布，衣褐衣，置广柳车[5]中，并与其家僮数十人，之鲁朱家所卖之。

朱家心知是季布，乃买而置之田[6]。诫其子曰：“田事听此奴，必与同食。”

朱家乃乘轺车[7]之洛阳，见汝阴侯滕公。滕公留朱家饮数日。因谓滕公曰：“季布何大罪，而上求之急也？”滕公曰：“布数为项羽窘上，上怨之，故必欲得之。”

朱家曰：“君视季布何如人也？”曰：“贤者也。”

朱家曰：“臣各为其主用，季布为项籍用，职耳。项氏臣可尽诛邪？今上始得天下，独以己之私怨求一人，何示天下之不广也[8]！且以季布之贤而汉求之急如此，此不北走胡即南走越耳。夫忌壮士以资敌国，此伍子胥所以鞭荆平王之墓也。君何不从容为上言邪？”

汝阴侯滕公心知朱家大侠，意季布匿其所，乃许曰：“诺。”待间，果言如朱家指[9]。

上乃赦季布。当是时，诸公皆多季布[10]能摧刚为柔，朱家亦以此名闻当世。季布召见，谢，上拜为郎中。

鲁朱家者，与高祖同时。鲁人皆以儒教，而朱家用侠闻。所藏活[11]豪士以百数，其余庸人[12]不可胜言。然终不伐其能[13]，歆其德[14]，诸所尝施，唯恐见之。振人不赡[15]，先从贫贱始。家无余财，衣不完采，食不重味，乘不过軥牛[16]。专趋人之急[17]，甚己之私。既阴脱季布将军之厄，及布尊贵，终身不见也。自关以东，莫不延颈原交焉。

（节选自《史记·季布栾布列传》《游侠列传》）

注释

［1］数窘汉王：多次使汉王刘邦陷入困境。

［2］购求布千金：以千金悬赏搜捕季布。购求，悬赏搜捕。

［3］原先自刭：愿意马上自杀。原，愿。

［4］髡钳：是古代刑罚，剃去头发，用铁圈束颈。

［5］广柳车：原指载运棺柩的大车，柳为棺车之饰，故名。后泛指载货大车。

［6］置之田：以奴隶身份安置在田里，从事劳动。

［7］轺（yáo）车：一匹马拉的轻便车。

［8］何示天下之不广也：为何向天下人显示自己器量不大呢？

［9］如朱家指：按朱家的旨意。指，同“旨”。

［10］多季布：称赞季布。多，称赞。

［11］藏活：收留保护使之躲过灾祸或缉捕而活下来。

［12］庸人：平常人，与上文“豪士”对举。庸，常。

［13］不伐其能：不炫耀自己的能耐。伐，自夸。

［14］歆（xīn）其德：显摆其德行。歆，得意，显摆。

［15］振人不赡：救济别人的困难。振，同“赈”，救济。赡，富足。不赡及贫穷无以自存。

［16］軥（qú）牛：挽軥的牛。軥，车轭两边下伸以夹牲头的部分。

［17］趋人之急：为他人急难奔走相助。趋，快走。

参考译文

季布，楚人，为气侠义，闻名当地。项籍任命他带兵打天下，他多次使汉王刘邦陷入困境。刘邦消灭项羽后，悬赏千金搜捕季布，并说谁敢窝藏他，就诛灭三族。

季布躲在濮阳周家。一天，周氏对他说：“汉朝廷搜捕将军很紧，追踪就要追到我家了。将军能听我一言，我就献一计；若听不进，我愿先自杀。”季布答应听他安排。于是季布剪去头发，用铁箍套住脖子，穿上粗布衣，打扮成奴隶模样，装在大货车上，跟周家几十个僮仆一起，被送到鲁地朱家那里，作为奴隶给卖了。

朱家心知此人就是季布，就买下来，安置在田头，让他以奴隶身份从事耕作。他嘱咐儿子说："农事安排就听这个奴隶的，你一定要陪他一起吃饭。"

朱家坐上一匹马拉的简易马车，直奔洛阳，拜见汝阴侯滕公夏侯婴。滕公留朱家喝了几天酒。朱家对滕公说："季布有何大罪，而皇上搜捕这么紧急？"滕公说："季布好几次为项羽使皇上陷入困境，皇上有怨，所以一定要缉捕他。"

朱家说："那您认为季布是哪种人？"滕公说："季布当然是个贤人。"

朱家说："人臣各为其主效命。季布为项羽冲锋陷阵，那是职责所在。曾经为项羽效命的人，难道可以全部杀光吗？皇上如今刚刚得天下，却为一己私怨大肆搜捕，这不是向天下显示胸怀狭小吗？再说了，季布这么会打仗，汉朝搜捕他又这么紧，这将逼得他要么向北投奔胡人，要么向南投奔越人。如此忌恨壮士，而以之成全敌国，这就是伍子胥对楚平王掘墓鞭尸的起因。您贵为侯王，何不细细地跟皇上谈谈？"

汝阴侯滕公知其侠义，心里明白，季布就躲藏在朱家大侠的家里，他赶紧答应，一定会为季布说情。过了不久，滕公见到刘邦，果然按朱家的意思，请他赦免季布。

皇上表示同意赦免季布。当时大家都赞扬季布能变刚强为柔顺，真是大丈夫能屈能伸，朱家也因为救助季布而名闻天下。季布被皇上召见，感谢再生之恩。皇上任命他为郎中。

鲁地朱家，跟高祖刘邦同一代人。鲁人都以儒道行教天下，而朱家却以侠义闻名江湖。他所收留保护而活下来的豪杰人物，数以百计，所救助的平凡人士更是不可胜数。然而他始终不炫耀自己的能耐，不显摆自己的德行。那么多他所帮助过的人，生怕再见到他们。救济别人的困难，总是先帮助最贫贱无依者。家里几乎没有积蓄，衣服因打补丁而没有完全统一的颜色，吃饭最多只有一个肉菜，乘车只是牛拉的车。专为他人急难奔走相助，其热心程度超过办自己的事儿。他暗中帮助季布将军摆脱厄运，当季布尊贵之后，再也没有找过季布。自函谷关以东地区，所有人都盼望着有机会跟他交朋友。

赏析与写作指导

抓住刘邦的痛点

《朱家救季布》，正面写侠客朱家救助朝廷要犯季布的经过，侧面写季布英勇善战，“数窘汉王”。

朱家先是让季布以奴隶身份隐藏自己，还安排他跟其他奴隶一起在田里干活，这样才能隐藏得不露痕迹。他嘱咐儿子道：“田事听此奴，必与同食。”这是把季布当作一个有才能、有贤德的人物，予以尊重。同食就是一起进餐。古代跟谁一起进餐，表明是身份一致的人。

"同食异食"制度，在很多文明体中，都是区分尊卑的重要制度。仆人是不能跟主人一起进餐的，西方社会至今如此。在西方建筑中，主人走的楼梯和仆人走的楼梯，是分开的，不可一起上下。中国社会一度消灭了这种现象，但是最近几十年又有死灰复燃的迹象。老板或领导赴宴，司机不能上桌吃饭，要么饿着，要么在大堂用餐。朱家一个"同食"安排，是按当时的制度，给季布最大的尊重。他虽然卖身为奴，但不能真把他当奴隶对待。

朱家找滕公帮忙，为什么要先跟他连喝几天酒？酒是神物，越喝两人心理距离越小，最后感情越贴越紧，这才敢于试探着跟滕公讨论季布其人。朱家为了救季布，可谓用足了心思。

季布是钦定要犯，必须找到跟刘邦感情很深的人出面，才有可能办成。如果鲁莽行事，不但救不了季布，朱家还得把自己搭进去。

朱家的进言，精彩而巧妙。既然试探时滕公认可季布是个贤者，他就可以展开话题，进一步为季布说话。他的进言分三步走。

第一步，朱家说："臣各为其主用，季布为项籍用，职耳。项氏臣可尽诛邪？"这里提出了一个当时普遍认同的政治伦理问题。既然加入了项羽的团队，当然就要忠于职守。既然忠于职守，打败汉军乃是他的使命。"数窘汉王"不但表现了他的军事天赋，而且表现了他对项羽的忠诚。子路曰："利其禄，必救其患。"（《史记·卫康叔世家》）你拿了谁的薪水，就得为谁承担患难。晋国大夫解扬，死不降楚，马上要被楚庄王处死，还对楚军将士说：“为人臣无忘尽忠得死者！”楚王兄弟肃然起敬，竟然赦而不杀，释放归晋（《史记·郑世家》）。尽忠而死，为人之德也。敬忠敬勇，也是为人之德也。季布所为，颇类解扬、子路。其忠其勇，可歌可泣。经这么一说，就把通缉令上季布的罪状，转化为满满的正面价值。他不是一个罪犯，而是一个贤者。总结起来，季布政治有忠，军事有才，战场有勇，道德有节，为人有义，响当当的“五好”楷模啊。此人不但必须赦免，而且应该重用。

当说客就得抓住对方痛点。古代帝王最大的痛点有三：一是忧患臣下不忠贞，二是忧患民心不归附，三是忧患对手太强大。朱家虽是跟滕公说话，心里预期的听者却是刘邦。他只有一张口就直抓天子痛点，才可能获得成功。

说到这里值得插述一个故事，刘邦本人的故事，也跟季布有关。

汉军在楚都彭城（今江苏徐州）全军溃败，季布的弟弟丁公，率楚军围住刘邦。他若一戟扎下去，就没有后来的大汉王朝了。刘邦束手无策，乃看着丁公的眼睛说：“咱俩都是好汉，何必相互为难呢！”丁公有所触动，马上解围撤兵。几年之后，项羽败死，楚国崩溃，丁公满怀希望地来找刘邦。刘邦不但不报恩，还把丁公五花大绑，拉到全军游行示众，并大声告诫将士：“丁公是楚国将军，却不效忠楚王。让项王失去天下的，就是这个丁公。”示众完毕就把丁公斩了。

为何要诛杀丁公呢？刘邦说：“我要让后世臣子，永远不要仿效丁公。”（事见《史记·栾布季布列传》，原文为：布母弟丁公，为楚将。丁公为项羽逐窘高祖彭城西，短兵接，高祖急，顾丁公曰：“两贤岂相厄哉！”于是丁公引兵而还，汉王遂解去。及项王灭，丁公谒见高祖。高祖以丁公徇军中，曰：“丁公为项王臣不忠，使项王失天下者，乃丁公也。”遂斩丁公，曰：“使后世为人臣者无效丁公！”）

由此故事推测，朱家救季布是有希望的，因为在评价丁公、季布的问题上，刘邦与朱家的价值观很一致。朱家抓刘邦痛点，何其准确哉！

第二步，朱家说：“今上始得天下，独以己之私怨求一人，何示天下之不广也！”这也击中要害。汉朝新立，必须争取天下归心。皇帝刘邦天命所寄，应该胸怀天下，恩布四海，这样才能安邦定国，兆民拥戴。如果小肚鸡肠，纠结于私怨，民心还会向着你吗？朱家这下牢牢抓住了刘邦的第二个痛点，那就是忧患民心不归附。

第三步，朱家说：“且以季布之贤而汉求之急如此，此不北走胡即南走越耳。夫忌壮士以资敌国，此伍子胥所以鞭荆平王之墓也。”天子既怕能臣坐大取而代之（此现象历史上多有发生），也怕他国强大而兴兵犯境，威胁皇祚。汉祚初兴，匈奴和南越都是大患。如果华夏将领投敌，率敌军来犯，那真可以一当十，威胁可就大了。

朱家的进言，每段话揪住皇上一个痛点，听者不得不佩服他对人性理解之深。后来季布果然得赦免，还被重用，其命运转折的关键因素，在于遇上了一个如此有思想深度的救命侠客。

朱家的最后一句话是：“君何不从容为上言邪？”由此可见，他以上所言，都是对皇上说的，只是拜托滕公，用这些话去说服皇上。朱家乃大侠，他要的不是垂怜，而是按道理、按利害办事。滕公也明白朱家的意思，认可朱家的道理和利害分析，所以他见到皇上，“果言如朱家指（旨）”，也就是把朱家的话，原原本本地转述给皇上刘邦。

侠之大者，与圣贤略同。朱家即是也。

延伸知识

函谷关与古代军事地理

中国古籍中，经常出现“山东”“关东”“关中”“函谷关”几个词，它们对理解中国古代的军事地理和地缘政治，至关重要，对读懂《史记》也同样重要。

“山东”是指崤山以东。关东是指函谷关以东。此说始于战国时期，当时秦国人称崤山、函谷关以东的中原地区为“山东”，系地域性的泛称。由于战国七雄中，除秦国以外的韩、赵、魏、齐、楚、燕六国都在崤函以东，故也有“山东六国”之称。

崤山属于秦岭东端，那里曾设置过古崤县，位处黄河与洛河之间，从西南向东北方向延伸，全长 160 千米。西为长安，东为洛阳。是秦国与六国之间的天然屏障。山之西为秦国，山之东为六国。

函谷关，是崤山与黄河之间一条狭窄通道上的关塞，位于河南省灵宝市北15千米处的王垛村。该关西为秦川，东临绝涧，南耸秦岭，北塞黄河。因关在深谷，深险如函，进入那里就像装入匣子，无路可逃，故称函谷关。它是秦国与山东之间的重要关塞。到了汉代，由于地理条件和地缘政治条件的改变，函谷关的关塞建筑，西汉时期向东移动了150千米，处于新安县境内。到了东汉时期，又在老函谷关以西，新起一个潼关。汉以后的史籍，就常常提到潼关。潼关位于陕西省潼关县北。

崤山与函谷关并称崤函，是中国古代战略重地，以地势险峻、关隘坚固、易守难攻闻名天下。贾谊《过秦论》开篇第一句就说："秦孝公据崤函之固，拥雍州之地，君臣固守以窥周室，有席卷天下，包举宇内，囊括四海之意，并吞八荒之心。"贾谊把关中的优势总结得最为准确，说明崤函之固对秦国的发展确实起到了重要作用。汉朝刚赢得楚汉战争时，士兵娄敬反对建都洛阳，劝刘邦建都关中，理由就是天下尚不稳定，汉朝立足未稳，进入关中，拥有崤函之固，军力不济便于闭关抵御山东势力的进攻，军力强盛则可以出关横扫天下。

崤山以东叫山东，崤山以西是不是叫山西呢？不是。今天山西省也在崤山以东，它因处于太行山以西而得名。崤山以西地区，以前有两个名字比较常用，一个是秦（八百里秦川），一个是关中。为什么叫关中呢？

关中因处于四关之中而得名，即东函谷关（后潼关）、西散关（大震关）、南武关（蓝关）、北萧关（金锁关）。当年的周族，后来的秦国，都是以这四关所框定的区域作为核心地区。关中地区位于今陕西省中部，包括西安、宝鸡、咸阳、渭南、铜川、杨凌五市一区，总面积55623平方千米。关中南倚秦岭山脉，渭河从中穿过，号称八百里秦川。田垄平整，土地肥沃，物产富饶，在农业时代具有绝对经济优势。秦凭关中灭六国，后来连续千年王朝都在关中建都，就因关中在经济上、军事地理上具有特殊的优势。

以关中为核心的区域，为什么又叫陕西呢？

周族在关中地区强大起来后，跟商天子的交往越来越多。从函谷关出来，在黄河与崤山之间的夹缝里朝商都东进，走到崤山尽头，出现一块平地，被称为陕原。陕原在军事地理和农业生产上都很重要。周武王辞世后，成王年幼，周公摄政。召公等其他兄弟都有点不放心，周公就跟召公分权，约定："自陕以西，召公主之；自陕以东，周公主之。"（《史记·燕召公世家》）自陕以西即是关中地区。华夏文化在周代定型，自陕以西的概念就这样传承下来。后人在那里建省，很自然就命名为"陕西"。

副课文

庸医

先外祖苏年先生卧病时，医者日数人，皆庸手。有郑姓者，其名最盛，而其技实最庸。每与众医互相标榜，商立医案，迂延月余日，而先生病遂深。

适陈修园邑侯（念祖）新归，家大人自往延之，遍视旧方，叹曰：“皆此等庸医所误。”而于郑所立医案尤切齿，批其后云：“市医伎俩，大概相同。”越日，众医至，阅陈所批，皆气沮，郑喑（yīn）曰：“陈某何以呼我辈为市医？”闻者莫不匿笑，而先生卒不起。不逾年，此数医亦相继殂（cú）。时号郑为市医先生云。

又有某姓者，本名医之子，而其术不逮父远甚。每诊妇女脉，必揭帐熟观，曰问闻望切，必先望而后切，此古法不可不遵也。后为一少妇治病，竟以目成私合，其夫愤甚，延妖鬼捉其魂。一日晡归，甫入门即仆地谵语，自述其生平阴恶，喃喃不休，逾时遂绝。同时业医者无不引以为戒。

家大人曰：“昔人有言，士君子无以刀杀人之事，惟庸医杀人，其惨即无殊手刃，若复包孕邪心，乱人闺闱，则其孽愈重。某之暴卒，非妖鬼之能作祟，实其人之自犯冥诛。”纪文达公尝戏为集句以赠医者，有“医来寇至”之对，其言不为苛矣。

——〔清〕梁恭辰《北东园笔录·卷六》

思考与训练

1.“然终不伐其能，歆其德，诸所尝施，唯恐见之。……既阴脱季布将军之厄，及布尊贵，终身不见也。”朱家救人脱离困境后，就再也不与其见面，为什么？

2.副课文《庸医》云：“先外祖苏年先生卧病时，医者日数人，皆庸手。”请解释“日”“庸手”二词意思。

第十四课 李世民大战薛仁果

〔北宋〕司马光

题解

多谋、英勇、果敢——李世民在战场上的表现。宽厚、辽远、博大——李世民在打败敌人之后的表现。本文从这两方面，塑造了李世民德才兼优、堪任天下的形象。

人物故事

薛仁果（？—618）：多数史料写为“薛仁杲”，《资治通鉴》写为薛仁果。祖籍河东汾阴（今山西万荣西），后移居金城（今甘肃兰州），西秦皇帝（自称秦帝）薛举长子，骁勇善战，所向无敌，威震陇西关中。然而暴虐好杀。其父戒之曰：“汝之才略足以办事，然苛虐寡恩，终当覆我国家。”一语成谶。大业十三年（617）四月，薛仁果与其父薛举起兵，占据陇西。七月，薛举称帝。武德元年(618)八月，薛举去世，薛仁果继位。十一月，薛仁果在浅水原之战中被李世民打败，被迫投降。押送长安后被斩首，西秦帝国遂灭。

褚亮（555—647）：字希明，杭州钱塘人（今浙江杭州市），祖籍河南阳翟（今河南禹州市），唐初十八学士之一。其子褚遂良是著名的宰相和更著名的书法家。褚亮反对隋炀帝宗庙改制，被贬到西海郡（今青海海晏县）任小官。大业十三年（617），金城校尉薛举盘踞陇西，建立西秦国，登基称帝，任褚亮为黄门侍郎。武德元年（618），秦王李世民发起浅水原战役，尽灭西秦军队，寻访褚亮，任命为铠曹参军。李世民一直视其为国宝，为唐初十八学士之一。

主课文

秦王世民至高墌[1]，仁果使宗罗睺将兵拒之。罗睺数挑战，世民坚壁不出。诸将咸请战，世民曰："我军新败，士气沮丧，贼恃胜而骄，有轻我心，宜闭垒以待之。彼骄我奋，可一战而克也。"乃令军中曰："敢言战者斩！"

相持六十余日，仁果粮尽，其将梁胡郎等帅所部来降。世民知仁果将士离心，命行军总管梁实营于浅水原[2]以诱之。罗睺大喜，尽锐攻之，梁实守险不出。营中无水，人马不饮者数日。罗睺攻之甚急。

世民度贼已疲，谓诸将曰："可以战矣！"迟明[3]，使右武侯大将军庞玉陈于浅水原[4]。罗睺并兵击之，玉战[5]，几不能支。世民引大军自原北出其不意，罗睺引兵还战。世民帅骁骑数十先陷陈，唐兵表里奋击，呼声动地。罗睺士卒大溃，斩首数千级。世民帅二千余骑追之，窦轨叩马苦谏曰："仁果犹据坚城，虽破罗睺，未可轻进，请且按兵以观之。”世民曰：“吾虑之久矣，破竹之势，不可失也，舅勿复言！”遂进。

仁果陈于城下，世民据泾水临之。仁果骁将浑幹等数人临陈来降。仁果惧，引兵入城拒守。日向暮，大军继至，遂围之。夜半，守城者争自投下。仁果计穷，己酉[6]，出降。得其精兵万余人，男女五万口。

世民所得降卒，悉使仁果兄弟及宗罗睺、翟长孙等将之，与之射猎，无所疑间。贼畏威衔恩，皆愿效死。世民闻褚亮名，求访，获之，礼遇甚厚，引为王府文学。

上遣使谓世民曰：“薛举父子多杀我士卒，必尽诛其党以谢冤魂。”李密谏曰：“薛举虐杀无辜，此其所以亡也，陛下何怨焉！怀服之民，不可不抚！”乃命戮其谋首，余皆赦之。

（《资治通鉴·第一百八十六卷·唐纪二》）

注释

[1] 高墌（zhǐ）：在今陕西长武县北浅水村。

[2] 浅水原：今陕西长武县东北，离高墌很近。

[3] 迟明：天快亮时。

[4] 陈于浅水原：布阵于浅水原。陈，阵，活用为动词，布阵。

[5] 玉战：庞玉应战。

[6] 己酉：干支之一，六十甲子中第46个，六十甲子是中

国农历中用来纪年的干支纪年法，每60年一个循环。干支可以用来纪年、纪月、纪日、纪时。此处当是用来纪日。

参考译文

秦王李世民挥师来到高墌，薛仁果派宗罗睺领兵抵抗；宗罗睺反复挑战，李世民守营不战。诸将请战，世民说：“我军刚打败仗，士气不振。对方因得胜而骄傲，有轻我之意。我们应据营等待。等到他们轻敌我们振奋，就可一战克敌。”乃命令全军：“有敢请战者，斩首！”

双方相持60余日，薛仁果军队粮尽，将领梁胡郎等人各率所部来降。李世民得知薛仁果将士多有离异之心，命行军总管梁实，在浅水原扎营，引诱薛军来攻。宗罗睺大喜，率全部精锐出击。梁实守营不战。营地无水源，一连几天人马喝不上水。宗罗睺趁机急攻。

李世民估计敌军已疲惫，对诸将说：“可以进攻了！”天快亮时，李世民让右武侯大将军庞玉在浅水原列阵。宗罗睺合兵攻庞玉，庞玉出营迎战，几乎抵挡不住。李世民率大军从浅水原北方突然冲过来，宗罗睺带兵迎战。世民率领几十名骁骑率先杀入敌阵，里里外外奋力冲杀，呼声动地。宗罗睺损兵几千，将士大败溃逃。世民率2000多骑兵追击宗罗睺，窦轨拉住他的马缰苦苦劝道：“薛仁果还占据着坚固城池，我们虽打败了宗罗睺，但不能轻易冒进。暂且按兵不动，观察一下动静再说。”李世民说：“我考虑很久了，我军势如破竹，机不可失。舅舅不要再说了！”于是继续进军。

薛仁果在城下列阵以待，李世民隔着泾水与之对峙。薛仁果得力干将浑斡等人到李世民阵前投降李。薛仁果怯阵，带兵入城拒守。天快黑时，唐军后续部队相继到达，围城待命。半夜，守城将士纷纷下城投降。薛仁果一看大势已去，无计可施，只好出城投降。这一天是己酉日。唐军尽收薛仁果一万多名精兵，男女百姓五万人。

李世民把降军交给薛仁果兄弟以及宗罗睺、翟长孙等人统领，自己和这些将领一起打猎，对降将不疑不戒，没有隔阂。这些降将畏惧李世民的威严，又感激他的恩德，敬仰他的胸怀，都愿以死效力。李世民听说薛仁果帐中黄门侍郎褚亮文名隆盛，派人四处寻访而得，对他很尊重，隆礼相待，任命为秦王府的文学职衔。

唐高祖派遣使者对李世民说：“薛举父子杀我将士甚多，务必杀光其党以告慰死者。”李密进谏说：“薛举残杀无辜，这正是他灭亡之因，陛下何必对此怀恨？对于业已归服的百姓，不可屠杀，只能安抚！”于是下令杀掉薛军主将，其余均予以赦免。

赏析与写作指导

李世民：伟大的继承者

李世民是唐高祖李渊之子，就是大名鼎鼎的唐太宗，史称千古一帝。毛主席列举“秦皇汉武、唐宗宋祖”，把他跟秦始皇、汉武帝并论。

《资治通鉴》致力于探究安邦定国、兴衰治乱之道，主撰者司马光是个铁杆李粉，对李世民事迹有篇幅浩繁、浓墨重彩的记叙。仅仅通过《李世民大战薛仁果》这篇短文，就不难窥见其盖世德才。

本文所写战役，史称浅水原之战，发生于唐武德元年（618）六月至十一月，打了半年之久。对垒双方是大唐秦王李世民军队和西秦（都兰州）皇帝薛仁果军队。一年前，薛举割据陇西，建西秦国，自称秦帝。乘势进攻长安，在浅水原与李世民对峙。当时李世民大病，命令部将守营待时，等他病好再战。可是部将轻举妄动，被秦帝薛举打败。李世民三位大将战死，其他五位也惨败，士卒损失一半以上。

第二年，薛举已死，薛仁果继位为帝，再次进军长安。在长安西北浅水原对阵之间，薛仁果部将纷纷投降唐军，西秦一战覆亡。起初，薛举即对太子薛仁果说：“汝之才略足以办事，然苛虐寡恩，终当覆我国家。”竟然一语成谶。

本文从三个方面刻画李世民形象。

一是善于把握战机，战与不战胸有成竹。两军遭遇时，不战，为什么？李世民说：“我军新败，士气沮丧。贼恃胜而骄，有轻我心，宜闭垒以待之。彼骄我奋，可一战而克也。”几个月后，两军士气发生变化，李世民说：“可以战矣！”“破竹之势，不可失也。”

二是英勇无畏，敢于跟将士一起冲锋陷阵。“世民帅骁骑数十先陷陈，唐兵表里奋击，呼声动地。罗睺士卒大溃，斩首数千级。世民帅二千余骑追之。”

三是胸怀辽阔，性情仁厚，惜才礼贤，爱民敬命。父皇要他尽杀投降将士，这时李密劝谏说：“薛举虐杀无辜，此其所以亡也，陛下何怨焉！怀服之民，不可不抚！”正合李世民心意。秦帝帐中有个大文人叫褚亮（大书法家和宰相褚遂良的父亲），“世民闻褚亮名，求访，获之，礼遇甚厚，引为王府文学。”

本文展开过程，常用对比手法。

一是直接对比。比如统帅与部将对比。部将纷纷请战，统帅李世民则暂时按兵不动。部将窦轨不让他追剿罗睺溃军，他果敢追之。

二是间接对比。比如李世民与李渊对比。李渊命他尽杀薛党，他不但不杀，还厚抚其百姓，重用其战将。

三是暗中对比。比如李世民与薛仁果对比。对峙不久，薛仁果部将“梁胡郎等帅所部来降”。隔泾水对峙，“仁果骁将浑幹等数人临陈来降”。围城之际，“守城者争自投下”降唐。这从侧面写出了薛仁果的刚愎自用、刻薄寡恩，导致众叛亲离。李世民这边，不但善待自己的部将，对降将俘将也隆礼尊情，重任宠信。“世民所得降卒，悉使仁果兄弟及宗罗睺、翟长孙等将之，与之射猎，无所疑间。”以至于降将俘将“皆愿效死”。

本文通过一场战役的叙述，展现了李世民的才略胸怀、风范气度。其德其才，不惟部属敬服，对手也惊叹仰慕。李密曾经手握重兵，称雄中原，一直是李唐政权的竞争对手。曾想把李渊收为部将，建国代隋。后虽暂时归附李渊，但心中不服，最终叛唐建立西魏政权，金冠称帝。浅水原之战后（李密此时尚未叛唐），李密在豳州接待李世民，《资治通鉴》记曰："密自恃智略功名，见上（李渊）犹有傲色；及见世民，不觉惊服。私谓殷开山曰：'真英主也，不如是，何以定祸乱乎！'"

隋末大乱，四海枭雄乘势而起。他们各立社稷，争霸天下，挂旗称帝者将近20家，直弄得刀枪遍地，白骨盈野。如无贤能收拾残局，兆民皆为鬼，天下变地狱。李世民此间横空出世，以战息战，以杀止杀，尽灭各路枭雄，重建华夏一统秩序。兆民由此脱离苦海，神州由此起死回生。他不但开创了贞观盛世，还开辟中国历史上最伟大的大唐基业，使华夏文明发展到登峰造极之地。李密称赞他"定祸乱"之功，只是道出了李世民功业的一半。

皇帝制度固然有许多缺点，尤为当今所不适，但若有德才配位者君临天下，何尝不是兆民之幸。

延伸知识

唐初消灭了多少皇帝?

唐朝并非夺取隋朝政权，继承天下版图，而是重新打下来的天下。隋朝被各地农民起义和豪强割据打残。隋炀帝此前巡幸江都（扬州），游山玩水，搜刮民财。此时被困于孤岛，无力有效治理国家，天下完全失控。大业十三年（617），李渊辖区刘武周在马邑（朔州）起兵叛隋，自称天子。隋炀帝在江都下旨，追究李渊罪责。李渊在李世民、裴寂策动下宣布起事，并攻占咸阳及京畿。武德元年（618）三月，隋朝宠臣、匈奴人后裔宇文化及发动政变，处死隋炀帝，随后在魏县（今属河北）自立为帝，号称许国。这年六月，李渊在陕西长安（时称大兴）登基为帝，国号唐。

李渊称帝前后，全国诞生了接近20个皇帝。神州大地，被切成碎片，形成战国格局。主要政权及皇帝有：

定杨，皇帝刘武周，占据陕西北部。

夏，皇帝窦建德，占据河北。

秦，皇帝薛举，二代薛仁果，占据甘肃。

凉，皇帝李轨，占据甘肃西部。

郑，皇帝王世充，占据洛阳一带。

魏，皇帝李密，占据山东、河南、安徽、湖北一带。

梁，皇帝萧铣，占据广东、湖南、湖北一带。

吴，皇帝李子通，占据江苏一带。

楚，皇帝林士弘，占据江西一带。

梁，皇帝梁师都，占据陕西北部、内蒙古一带。

燕，皇帝高开道，占据北京、天津一带。

为了重新一统天下，唐政权进行了长达11年（618—628）

的统一战争。最后一个消灭的小朝廷，是依靠突厥撑腰的梁国，碍于突厥的强大，唐朝一时不好下手。直到贞观二年（628），突厥出现内乱，无力帮梁国抗唐。唐太宗乘机兴兵，一举剿灭梁师都。

副课文

阿文勤公论治狱

吾乡伊墨卿太守秉绶，在刑部日，以宽恕称。有后进请教者，必举阿文成公故事告之。

当文成公未贵时，其父阿文勤公克敦方燕居，文成侍立，文勤仰而若有思，忽顾文成曰："朝廷一旦用汝为刑官治狱，宜何如？"文成谢未习，公曰："固也，姑言其意。"文成曰："行法必当其罪，罪一分，与一分法，罪十分，与十分法，无使轻重。"公大怒，骂曰："是子将败我家，是当死。"遽索杖。文成惶恐叩头谢曰："惟大人教戒之，不敢忘。"公曰："噫，如汝言，天下无全人矣。夫罪十分，治之五六已不能堪，而可尽耶？且一分之罪，尚足问耶？"

其后文成长刑部，屡为诸曹郎述之，太守盖面受其说云。文成之子阿文毅公彦成，家大人受知师也。其长刑部日，家大人以军机会审事常到部，每侍谈之。阿文毅曾以此语相勖，故余亦得转闻其详。庭训、官箴一以贯之，宜其柱石相承，簪缨未艾矣。

又闻家大人曰：乾隆年间有冯廉访廷丞者，尝为大理寺丞，大理为三法司，主平反。自刑部权日重，大理不得举其职。冯在官，于罪名出入数有纠驳，多所矜恕，诸司皆怒。适大学士刘文正公总理部务，独心善焉。后冯亦由刑部郎洊擢至江西按察使。入觐，大学士阿文襄公问冯以治狱之要，冯曰："夫狱者，愈求则愈深，要在适中而止，则情法两尽。"文襄嗟赏其言，告诸曹司以为法，此与阿文勤言正可相印证也。

——〔清〕梁恭辰《北东园笔录初编》

思考与训练

1. 做人要有胸怀，为官为帝尤其要有胸怀。李世民为什么成为历史上屈指可数的有为皇帝，胸怀广阔是原因之一。前一年薛仁果打败李世民，大肆屠杀。第二年李世民消灭薛仁果，若屠杀其部属复仇，在古人观念中非常合情合理。高祖李渊下旨嘱咐屠俘复仇，即是本着这种观念。可是李世民赦免战俘和民众，还重用其中能将，这显示了超出时代的人文理念和超出常人的宽广胸怀。

一个人如果从小就知道应该有胸怀，对他的精神成长和未来的发展，一定会有重大助益吧。我们能反思一下自己在日常生活中为人处事的表现，量一量自己的胸怀大小吗？

思考与训练

2. 副课文《阿文勤公论治狱》云:“文成之子阿文毅公彦成,家大人受知师也。”请解释“家大人”“受知师”二词意思。

第十五课 林则徐缉毒禁烟

《清史稿》

林则徐按照国家法律禁吸鸦片，抵制西方列强的洋商毒贩不断向中国贩卖毒品，收缴并销毁鸦片，坚决反击英国军队的进攻，维护了国家尊严和权益。可是，清廷妥协投降，导致战争失败、禁烟失败，中国从此堕入割地赔款、丧权辱国的百年屈辱史。

人物故事

林则徐（1785—1850）：福建省侯官（今属福建省闽侯县）人，字元抚，又字少穆、石麟，晚号俟村老人、俟村退叟等，中国近代伟大的政治家、思想家、文学家、水利专家，经世济民的治国大才，反侵略、反殖民的民族英雄。官至一品，曾任湖广总督、陕甘总督和云贵总督。道光十九年（1839），林则徐以钦差大臣身份坐镇广州，调查洋商贩卖鸦片详情，强迫毒贩交出鸦片，并将没收的鸦片于 1839 年 6 月 3 日在虎门销毁。虎门销烟是西方殖民史上遭遇的重大挫折，英国政军商各界气急败坏，悍然发动侵略战争。林则徐全力组织抵抗，但被朝廷撤职流放到新疆。他精研新疆山川、历史和对外交往，形成“抗英防俄”的国防思想，成为近代“防塞论”先驱。他将详备的新疆资料交给左宗棠，为日后左宗棠收复新疆提供了有力支持。他发明坎儿井（林公井）振兴新疆农业。他编撰《畿辅水利议》，主张在河北、西北地区创造水利条件以便大面积推广水稻种植。林则徐是率先研究西方世界的中国政治家和学者，他努力学习英语、葡萄牙语，组织人力翻译西方报刊和图书，支持魏源将译文编辑加工为《海国图志》，启发了晚清洋务运动。他按国际法原则主持缉毒禁烟运动，是中国引进国际法第一人。他不愧是标领一个新时代的历史巨人。

琦善（1786—1854）：全名博尔济吉特·琦善。博尔济吉特氏，字静庵，满洲正黄旗人，清朝大臣，鸦片战争时主和派的代表人物。1840 年 9 月 28 日—12 月 4 日，奉旨接替林则徐担任两广总督。他下令撤销炮台撤销守军，并派人去穿鼻洋（广州虎门口）向英军求和，与义律私下约订《穿鼻草约》，割让香港，赔款 600 万银元。他是不折不扣的坑害华夏、卖国媚洋的大臣。道光皇帝因琦善擅自割让香港而震怒，令锁拿解京问罪，查抄家产，发军台。后获赦免，任驻藏大臣、陕甘总督等职。

主课文

（嘉庆）十六年，定食鸦片烟罪。初，英自道光元年以后，私设贮烟大舶十余只，谓之“趸船[1]”，又省城包买户，谓之

"窑口"。由窑口兑价银于英馆，由英馆给票单至趸船取货。有来往护艇，名曰"快蟹"，砲械毕具。

太常寺卿许乃济见银输出岁千余万，奏请弛烟禁，令英商仍照药材纳税，入关交行后，只许以货易货，不得用银购买，以示限制。已报可，旋因疆臣奏请严贩卖吸食罪名，加重至死，而私贩私吸如故。十八年，鸿胪寺卿黄爵滋请严吸食罪，行保甲连坐之法，且谓其祸烈于洪水猛兽。疏上，下各督抚议，于是请禁者纷起。

湖广总督林则徐奏尤剀切[2]，言："鸦片不禁绝，则国日贫，民日弱，十余年后，岂惟无可筹之饷，抑且无可用之兵。"帝深然其言，诏至京面授方略，以兵部尚书颁钦差大臣关防，赴粤东查办。

明年春正月，至粤东，与总督邓廷桢会申烟禁，颁新律：以一年又六月为限，吸烟罪绞，贩烟罪斩。时严捕烟犯，洋人泊零丁洋诸趸船将徙避，则徐咨水师提督各营分路扼守，令在洋趸船先缴烟方许开舱。又传集十三行商人等，令谕各商估烟土存储实数，并索历年贩烟之查顿、颠地二人，查顿遁走。义律托故回澳门。及事亟，断水陆饷道，义律乃使各商缴所存烟土，凡二万二百八十三箱，则徐命悉焚之，而每箱偿以茶叶五斤，复令各商具"永不售卖烟土"结。于是烟商失利，遂生觖望[3]。

义律耻见挫辱，乃鼓动国人，冀国王出干预。国王谋于上下议院，佥[4]以此类贸易本干中国例禁，其曲在我。遂有律士丹者，上书求禁，并请禁印度栽种。又有地尔洼，作鸦片罪过论，以为既坏中国风俗，又使中国猜忌英人，反碍商务。然自烧烟之信传入外洋，茶丝日见翔踊[5]，银利日长，义律遂以为鸦片兴衰，实关民生国计。

时林则徐令各洋船先停洋面候查，必无携带鸦片者，始许入口开舱。各国商俱如命。独义律抗不遵命，谓必俟其国王命定章程，方许货船入口，而递书请许其国货船泊近澳门，不入黄埔。则徐严驳不许，又禁绝薪蔬食物入澳。义律率妻子去澳，寄居尖沙嘴货船，乃潜招其国兵船二，又取货船配以砲械，假索食，突攻九龙山。参将赖恩爵砲沈其双桅船一，余船留汉仔者亦为水师攻毁。义律求澳人转圜，愿遵新例，惟不肯即交殴毙村民之犯；又上书请毋逐尖沙嘴货船，且俟其国王之命。水师提督关天培以不交犯，掷还其书。冬十月，天培击败英人，义律遁。十一月，罢英人互市，英货船三十余艘皆不得入。又搜捕侦探船，日数起。英商人人怨义律。义律不得已，复遣人投书乞恩，请仍回居澳门。林则徐以新奉旨难骤更，复严斥与之绝。而英货船皆泊老万山外洋不肯去，惟以厚利啗[6]岛滨亡命渔舟蜑[7]艇致薪蔬，且以鸦片与之市。是月，广东增严海防。

二十年春正月，广东游击马辰焚运烟济英匪船二十余。夏五月，林则徐复遣兵逐英人于磨刀洋。时义律先回国请益兵，其国遂命伯麦率兵船十余及印度兵船二十余来粤，泊金星门。则徐以火艘乘风潮往攻，英船避去。英人见粤防严，谋扰闽，败于厦门。六月，攻定海，杀知县姚怀祥等。事闻，特旨命两江总督伊里布为钦差大臣，赴浙督师。七月，则徐遣副将陈连升、游击马辰，率船五艘攻英帅士密于磨刀洋。马辰一艘先至，乘风攻之，砲破其船。

八月，义律来天津要抚。时大学士琦善任直隶总督，义律以其国巴里满衙门照会中国宰相书，遣人诣大沽口上之，多所要索：一，索货价；二，索广州、厦门、福州、定海各港口为市埠；三，欲敌体平行；四，索犒军费；五，不得以外洋贩烟之船贻累岸商；六，欲尽裁洋商浮费。

琦善力持抚议，旋宴其酋目二十余人，许陈奏。遂入都面陈抚事。乃颁钦差大臣关防，命琦善赴粤东查办。是月，免浙江巡抚乌尔恭额，以失守海疆，又英人投书不受故也。

义律既起碇[8]，过山东，巡抚托浑布具犒迎送，代义律奏事，谓义律恭顺，且感皇上派钦差赴粤查办恩。

罢两广总督林则徐，上谕切责，以怡良暂署总督事。会义律南行过苏，复潜赴镇海。时伊里布驻浙，接琦善议抚咨，遣家丁张喜赴英船犒师。英水师统领伯麦踞定海数月，闻抚事定，听洋艘四出游弈[9]。至余姚，有土人诱其五桅船入拦浅滩，获黑白洋人数十。伊里布闻之，飞檄余姚县设供张[10]，委员[11]护入粤。

冬十月，琦善抵广州，寻授两广总督。义律请撤沿海诸防。虎门为广州水道咽喉，水师提督驻焉。其外大角、沙角二砲台，烧烟后，益增戍守。师船、火船及蜑艇、扒龙、快蟹[12]，悉列口门内外，密布横档暗椿[13]，至是裁撤殆尽。

义律遂日夜增船橹，造攻具；首索烟价，继求香港，且行文趣琦善速覆。十二月五日，突攻沙角砲台，副将陈连升等兵不能支，遂陷，皆死之。英人又以火轮、三板赴三门口，焚我战船十数艘，水师亦溃。英人乘胜攻大角砲台，千总黎志安受伤，推砲落水，溃围出，砲台陷。英人悉取水中砲，分兵戍守，于是虎门危急。水师提督关天培、总兵李廷钰、游击马辰等守靖远、威远砲台，仅兵数百，遣弁告急，不应。廷钰至省泣求增兵，以固省城门户。琦善恐妨抚议，不许。文武僚属皆力请，始允遣兵五百。义律仍挟[14]兵力索烟价及香港。

（选自《清史稿·志》）

注释

[1] 趸（dǔn）船：一种无动力装置的矩形平底船。

[2] 剀（kǎi）切：切中事理。

[3] 觖（jué)望：因不满意而怨恨。觖，不满意。望，怨恨。

[4] 佥（qiān）：大家。

[5] 翔踊：物价暴涨。

[6] 啗（dàn）：同“啖”。

[7] 蜑（dàn）：古代南方少数民族。

[8] 碇（dìng）：指石锚或岸边系绳用的石墩。

[9] 游弈：即游弋，巡逻意。

［10］供张：陈设供宴会用的帷帐、用具、饮食等物，亦指举行宴会。

［11］委员：委派专人。员，人员。

［12］快蟹：清道光、咸丰、同治时战船名，其式仿广东船，船两侧有成排桨橹，外形活似蜈蚣和螃蟹，船体通常漆成红黑两色，元明时期叫蜈蚣船，清代称快蟹，原系海盗船，出没于珠江口外贸的黄金水道，抢掠过往船只财物。

［13］横档暗桩：珠江口横档岛附近的水中暗桩，用以阻拦外国船舰入侵。

［14］挟（xié）：倚仗武力或其他力量强迫人服从，如要挟、挟制、挟势等。

参考译文

嘉庆十六年（1811），清政府规定吸食鸦片烟为犯罪行为。初，英国自道光元年（1821）以后，私自设置贮存鸦片烟的船舶十余艘，被称为“趸船”；在省城专门购买鸦片烟的，称为“窑口”。由窑口在英国领馆用白银兑换购买票据，根据英国领馆给的票据单到趸船取鸦片烟。英国领馆和趸船停泊的地方两者之间来往的护艇，称为“快蟹”，快蟹上炮械等装备齐全。

太常寺卿许乃济发现，因购买鸦片烟白银输出了千余万，就奏请放松烟禁，规定英国商人仍按照药材缴纳税收，但入海关后进行交易，只能以货换货，不能用白银购买，以限制白银流出。奏请得到许可，后又有封疆大吏提出，要严格制定贩卖和吸食鸦片的罪名，最重的罪刑可以达到死刑。尽管如此，私下贩卖鸦片和吸食鸦片还是和之前一样猖獗，并没有得到改善。道光十八年（1838）鸿胪寺卿黄爵滋奏请对吸食鸦片的罪行严加处理，实行保甲连坐法，并且说鸦片的危害超过洪水猛兽。奏疏上达，皇帝下发听取各督抚的意见，请求禁止鸦片的大臣越来越多。

湖广总督林则徐的奏议最为切中事理，其中说："鸦片不禁绝，则国家日益贫穷，百姓日益虚弱，十几年后，恐怕没有可以用来筹集的饷银，也没有可以用来进行战斗的士兵。"道光皇帝对此深表认同，诏告林则徐来京，当面陈述禁烟的主张和策略，并以兵部尚书授予林则徐关防印信，林则徐以钦差大臣之职，去广东东部主持禁烟。

第二年春天正月，林则徐到达广东东部，与广东总督邓廷桢商议禁烟事宜，后颁布新的法律：以一年六个月为期限，吸烟者施行绞刑，贩烟者问斩。当时严捕贩烟行为，英国洋人停泊在零丁洋的趸船将要转移和躲避离开时，林则徐让水师提督各营分路口把守，命令趸船必须上缴鸦片烟方能开船离开。又传告召集十三行商人会议，下发手令让各商人告知烟土（未经熬制的鸦片）存储的数量以上缴，并缉拿多年来贩烟的英国商人查顿、颠地二人，但查顿逃走。英国驻广州官员（任商务总监督）义律托故回澳门。等到事情紧急，断了水上和路上运送粮食的道路，义律才和各烟商贩上缴所存有的烟土，一共20283

箱，林则徐下令全都用火烧毁。对于被烧毁的烟土，每箱补偿5斤茶叶，并命令各商人具结保证“永不售卖烟土”。烟商利益受到损害，于是产生不满和怨恨。

义律耻于这种挫败，便鼓动英国国民，希望英国国王能出面干预。国王和众议院上下商讨后，大家认为鸦片贸易本就是中国明令禁止的贸易，其不当之处在于英国这方，不予干预。后有律士丹，上书禁止鸦片，并请求禁止印度栽种鸦片；又有地尔洼，发表鸦片罪过论的文章，认为鸦片既败坏中国风俗，又使得中国对英国人进行猜忌，不利于商务往来。自从烧毁鸦片烟土的信息传入国外，中国茶叶和丝绸的价格不断上涨，白银利润不断增加，中英贸易顺差不断加大，义律认为鸦片一事的兴衰，关系到英国的民生国计。

当时林则徐命令所有外国前来的船只都要停留接受检查，确保没有携带鸦片后，才允许船只进入。各国商人都遵从命令。唯独义律抗命不遵，并称必须等英国国王的命定章程，才能允许商船进入，并呈递文书请求允许英国货船停泊在澳门附近，不进入黄埔港。林则徐严厉反驳，不以准许，又禁止其携带粮草蔬菜食物等进入澳门。

义律带着妻子儿女去澳门，寄居在尖沙嘴的货船上，并私下招揽两艘英国战船，并获得配备炮械的货船。义律假装寻找食物，突然攻击九龙山。清朝参将赖恩爵击沉其双桅舰一艘，其余船只也都被清军水师攻毁。

义律请求澳门从中调停，并表示愿意遵从新的规定，唯独不肯立即交出殴打村民并致村民死亡的犯人。义律上书请求不要驱逐停留在尖沙咀的货船，并等待英国国王的命令。清军水师提督关天培以不交罪犯的理由，拒绝接受其文书。冬天十月，关天培击败英人，义律逃走。十一月，停止与英人之间的相互贸易，英国货船 30 余艘均不得进入。又搜捕英国侦探船只，每天都发现数起。英国商人都怨恨义律。义律没有办法，只能又派遣人员投递文书乞求恩准，请继续回到澳门居住。林则徐以新得到的旨意难以变更为由，拒绝答应并与之决裂。所有的英国货船都停留在老万山不肯离去，只有当地南方少数民族的一些船只，或亡命之徒的渔船，垂涎其中的获利，就带去粮草蔬菜，来进行鸦片交易。当月，广东增设海防。

道光二十年（1840）正月，广东将领游击马辰，烧毁 20 余艘运送鸦片和救济英国的匪船。夏天五月，林则徐又派遣官兵，驱逐英人到磨刀洋。当时义律回英国请求增加军队援助，英国于是命令伯麦率领英国战船 10 余艘和印度战船 20 余艘来到广东，停留在金星门。林则徐根据风向以火攻战船，英船躲避离开。英人看到广东防守严密，就企图在福建侵扰，在厦门被清军打败。六月，英人攻克定海，杀知县姚怀祥等人。道光帝听闻此讯，特旨命令两江总督伊里布为钦差大臣，赴浙督师。七月，林则徐派遣副将陈连升和游击马辰，率战船 5 艘攻击英国将领士密于磨刀洋。游击马辰率领的战船先到，乘风攻击，炮击英人战船。

八月，义律来天津要挟招抚。当时大学士琦善任直隶总督，义律以英国巴里满衙门照会中国宰相书，派人到大沽口，从多处索要，一是赔偿销毁的烟价；二是开放广州、厦门、福州、定海等港口作为通商口岸；三是两国地位相等，用平等礼，不存在属国之礼；四是索要军费；五是不得以英船夹带鸦片累及居留英商；六是去掉英商在华不必要的费用。

琦善尽力满足英军要求以达到招抚目的，并宴请英军头目20余人，许诺赴京城向道光帝奏请。于是琦善到京城向道光帝报告与英商议事项。道光帝颁布钦差大臣关防，命令琦善赴粤东查办。当月，免去浙江巡抚乌尔恭额，因其失守海宁和当初不接受英国人的上书请求。

义律启航以后，过山东，山东巡抚托浑布，充分准备酒食礼物，犒劳和迎送英军，之后又替义律向道光帝上书奏章，说义律恭顺，对皇上派钦差大臣赴广东查办一事很是感恩。

道光帝罢免两广总督林则徐，并下发诏书切责林则徐，让怡良暂时担任总督。义律南行到达江苏时，又潜赴浙江镇海。当时伊里布驻守浙江，伊里布接到琦善关于与英军招抚的信息，便派遣家丁张喜到英军船处犒劳英军。英军水师统领伯麦霸占定海数月，听到招抚一事已定，就任由船只在四处游弈巡逻。到余姚时，有当地人诱导英军五桅船进入浅滩并拦截，捕获数十位黑白洋人。伊里布听闻此，速递檄文给余姚县，派遣兵员护送进入广东。

冬天十月，琦善抵达广州，不久被授予两广总督。义律请求撤去沿海诸防。虎门是广州水道的咽喉，水师提督驻扎在此。

虎门外大角、沙角二炮台，焚烧鸦片烟土后，加倍增加了防守；而师船、火船及蜑艇、扒龙、快蟹，也全都驻守在虎门内外，并密布横档暗桩，但现在都裁撤一空、几乎罄尽。

义律于是不分日夜增设船橹，建造进攻用的器械；并发文索要赔偿烟价和割让香港，在行文中让琦善尽快回复。十二月五日，突然攻击沙角炮台，清军副将陈连升等兵无法坚守，最后被攻陷，将士全部阵亡。英人又以火轮、三板奔赴三门口，焚清军战船 10 余艘，水师也遭到溃败。英人乘胜攻克大角炮台，清军千总黎志安受伤，推炮落水，突破包围，但炮台沦陷。英人将水中炮都取出，分兵驻守，于是虎门危急。水师提督关天培、总兵李廷钰、游击马辰等镇守靖远、威远炮台，但只有数百士兵，派遣弁兵告急，但没有得到回应。总兵廷钰到省府哭着请求增兵，以加固省城门户。琦善担心影响与英军的招抚商议，没有允许。文武官员都力请，才允许派遣 500 人前去增援。义律仍以军事威胁为后盾，要求赔偿烟价和割让香港。

赏析与写作指导

林则徐缉毒为何失败？

英国帝国主义主导的鸦片走私贸易，第一不符合中国贸易管理和海关管理规矩，第二用鸦片换走了中国市场大量白银，破坏了中国经济、金融秩序，第三败摧残了中国国民的身体，使国民精神涣散。

林则徐力主禁止买卖、吸食鸦片，乃从国家前途的高度着眼。他以钦差大臣身份来到广东，从整顿贸易秩序和稽查毒品两个角度展开工作，与英国官方派来的“贩毒总管”义律展开了严肃斗争，公开销毁了收缴的鸦片。对于西方殖民强盗以国家力量贩毒、对中国进行经济侵略和武装侵略，林则徐、赖恩爵、关天培等忠义官员，进行了坚决抵抗与还击，不断取得局部胜利，掀开了反殖民、反侵略的悲壮历史。

一边是“缉毒大臣”林则徐，一边是“贩毒总管”义律，他们对鸦片走私的重要性都有深刻认识。林则徐说：“鸦片不禁绝，则国日贫，民日弱，十余年后，岂惟无可筹之饷，抑且无可用之兵。”义律认为：“鸦片兴衰，实关（不列颠）民生国计。”

可见，以林则徐禁烟运动为起因的鸦片战争，是一场走私与反走私、贩毒与缉毒、殖民与反殖民、侵略与反侵略的国家意志的较量。而大清王朝恰好没有国家意志。

林则徐在广东抵抗英国侵略军的进攻，满人琦善在天津宴请侵略军头目，并默认侵略者的所有无理要求，殷勤跟朝廷沟通。

道光皇帝本是支持林则徐缉毒禁烟的，剿匪心切。经琦善一忽悠，他又变成抚匪心切，革除林则徐职务，派琦善以钦差大臣身份，与英国贩毒集团和侵华海军和解。皇帝忽东忽西，六神无主，恰好体现了清廷根本没有国家意志可言。在清王朝的利益集团心中，甚至无所谓大中华利益，他们的着眼点永远是满族权贵的利益。

鸦片战争是如何失败的，是在撤销所有海防之后失败的。本文有一处鲜明对比：

琦善的表现：撤销所有海防。“虎门为广州水道咽喉，水师提督驻焉。其外大角、沙角二砲台，烧烟后，益增戍守。师船、火船及蜑艇、扒龙、快蟹，悉列口门内外，密布横档暗椿，至是裁撤殆尽。”

义律的表现：“义律遂日夜增船橹，造攻具”。须知义律是在中国撤销一切海防之后，还在厉兵秣马、磨刀霍霍。与此同时他还提出了一系列敲诈条款。

义律完整体现了一个殖民国家见东西就抢、见人就杀的国家意志。琦善则完整体现了一个待宰国家忽而强硬、忽而恐惧，最后跪在地上赔笑、赔罪、赔款、赔地、求和、求饶的国家性格，这是一种没有任何责任感和长远目标的应付态度，实际上是没有国家意志。

一个意志坚定的国家，跟一个没有国家意志、只有赔笑送钱本领的国家对阵，那不叫战争，那叫屠杀。

鸦片战争的主要战斗，是在琦善撤销一切海防之后发生的，所以那不叫战争，只能叫广州屠杀。

“十二月五日，突攻沙角砲台，副将陈连升等兵不能支，遂陷，皆死之。英人又以火轮、三板赴三门口，焚我战船十数艘，水师亦溃。英人乘胜攻大角砲台，千总黎志安受伤，推砲落水，溃围出，砲台陷。英人悉取水中砲，分兵戍守，于是虎门危急。

水师提督关天培、总兵李廷钰、游击马辰等守靖远、威远砲台，仅兵数百，遣弁告急，不应。”一个国家受到外敌入侵，当地军政长官竟然拒绝派兵增援，任己方战死，任敌方尽情屠杀。其实也不奇怪，在此之前，道光已经给沿海各督抚下令，无论如何不许对入侵海疆的外国军舰开炮。鸦片战争其实是英国侵略军在满族权贵默许下进行的对大中华的劫掠与屠杀。

“廷钰至省泣求增兵，以固省城门户。琦善恐妨抚议，不许。”万炮齐轰头顶的时候，琦善心中想的是求和、求饶。

世界上没有这样的战争。那时候大清帝国根本不像是一个国家，更像是一个原本强悍的强盗集团，劫持了世界上最富庶的社会，他们寄生在这个富庶社会中，尽情享乐。至于这个社会的前途和长治久安，这个强盗集团从来没放在心上。

当一群更强悍的强盗临门叫阵，这个老强盗集团根本没有抵抗意志，只想着把这个抢来的富庶社会，像硕大无比的肥肉那样，切下一小块打发新的劫掠者。中国的赔笑送钱外交路线，就是这样形成的。而尝到甜头的劫掠者，胃口越来越大，索要越来越多。于是中国民族日益沦陷，日益伤筋动骨，一步步堕入灾难的深渊。

为了息事宁人，琦善私签《穿鼻条约》，把香港割让给英国。屈辱的中国近代史，就这样浓墨重彩地展开了。

缉毒禁烟、抵抗侵略的林则徐被朝廷罢免，发配边疆。

撤销海防、割地赔款的琦善，也被朝廷罢免，也发配边疆。

朝廷为何如此错乱？就因为它腐朽堕落不能代表这个社会、

这个中华民族的利益，不能将他们的血性、尊严、利益、命运凝聚为国家意志。就因为他们入关以来一直只是一个剥削集团，而不像是一个国家、一个政府。

礼失求诸野，挽救华夏灭亡的使命，只能由体制之外的正能量来承担。康有为、梁启超、谭嗣同、孙中山、黄兴、陈天华、邹容、章太炎、秋瑾、徐锡麟、毛泽东、朱德、彭德怀、张自忠、杨靖宇等，就这样登上了历史舞台。

延伸知识

鸦片战争后割地赔款细节

林则徐整顿贸易市场，稽查毒品，收缴鸦片，然后在虎门销毁。虎门销烟是中国历史上的大事件。关于虎门销烟的数量和过程，魏源在《道光洋艘征抚记》中介绍说："共缴鸦片烟二万二百八十三箱。每箱百有二十斤，共二百三十七万六千余斤。林则徐会两广总督邓廷桢，亲驻虎门验收，以四月六日收毕，每箱约赏茶叶三斤（给毒贩的补偿）。其烟土，请解京师。诏即在海口销毁，毋庸解京，俾沿海民人共见共闻，咸知震詟。林则徐会同督抚，于虎门监视销毁，就海滩高处，周围树栅，开池浸卤，投以石灰，顷刻汤沸，不爨自燃，夕启涵洞，随潮出海。……其烟在印度本地每箱值价银二百五十元，至广东则价银五六百元，为利一倍。共烧毁资本银五六百万元，并利银共千余万元。"

中国销毁毒品，各国商人反应如何？魏源介绍说："时有各国洋商，闻风来观，作文纪事，颂中国之政。"

琦善主张抚匪，央求英军和谈，率先赔偿"洋商烟价银七百万元"，已经超过所销毁全部鸦片的成本。可是英军不屑于这点小钱，眼光盯着中国国土，一直向琦善索要割地。

琦善答应给地，给厦门还是给香港呢？他"以厦门及香港二地商之邓廷桢。廷桢言厦门全闽门户，不可许；香港鼎峙，为粤海适中之地，环以尖沙咀、裙带路二屿，藏风少浪，若令英人筑台设炮，久必窥伺广东。琦善既据以奏闻，至是不能自背前奏，又无以拒义律之求，笔舌往反，终无成议"。实际上邓廷桢是不同意割地。

英国侵略者没有实现割地要求，继续开打。由于琦善已经撤除全部海防，英军摧枯拉朽，尽灭虎门各炮台，林则徐添置的西洋大炮，全部被英军控制。琦善吓破胆，赶紧派人央求侵略军，未奏请皇帝，私自签订《穿鼻条约》，把香港割给英国。

琦善卖国举措激起道光震怒，英军一看形势不好，赶紧投书，表示放弃割占香港之求，放弃贩毒，只求继续通商，商船任由中国海关检查，如有鸦片，愿意船货没收。可见如果真有国家意志，完全可以震慑敌酋，维护国家尊严与利益。

可是正如上文所述，清朝根本没有国家意志和长远考量，皇帝六神无主，朝令夕改，不少大臣只知巴结洋人，完全没有庄严正气可以震慑敌酋，反倒以其庸懦卑怯、犹豫飘忽，大大刺激了侵略者的野心。他们看穿了中国的涣散、疲惫，壮胆狮子大开口，最后从《南京条约》上取得了损害中国主权的各种权利，其中包括割让香港岛，赔款2100万两白银。

今人解读鸦片战争，片面强调乃坚船利炮摧毁中国。非也非也。内因是变化的根据，外因是变化的条件。人必自侮，然后人侮之；人必自灭，然后人灭之。鸦片战争其实是英国侵略军在满族卖国权贵默许下进行的对大中华的劫掠与屠杀。一个国家如果被贪得无厌的利益集团绑架，这样的命运必将成为常态。政府决意卖国，再多的烈士鲜血都只能成为交易场上的找零。

副课文

盗报恩

甲与乙皆福州南台人，素相善。乙偶辞甲去，不知所往，甲思之甚。甲精于贾，家渐裕，广厦连云，食指（家中吃饭人口）数百。门前开酒店，日坐其中稽出入焉。

一日，乙过其门，甲大喜，挽入店中叙契阔（聚散），且曰：“比余家计日繁，必须相助为理。”乙难之，强而后可。甲优待之如亲兄弟，亦日坐店中。

有挈（qiè，持）磁瓶来沽酒者，就垆头（酒坊）饮。瓶将罄，复沽（gū，买）益之，而已入醉乡。乃携瓶去，不数武（步）跌于墙边，瓶碎酒泼墙，不顾而去。

乙熟视之，问曰：“墙内有室否？”曰：“有。”曰：“今夜须防贼。渠之醉跌皆伪也，墙土得酒而松，易于掘耳。”乃篝(gōu)灯于室，伺之。夜过半，果闻墙外登登声，俄而墙穿，一腿先进。遽持其腿，而开门捉贼，则一无头人横卧墙外，众皆骇。乙令速将死人碎为数段，装大酒坛中，连夜抬至江边沉之，仍关门睡至天明。

乙告甲曰：“此三日内宅中人不许擅出，外来者无论何人，作何事干，皆须一一告我。”越三日，甲告乙曰：“前两日并无人出入，惟今晨有村农来议赚粪事，缘宅墙尽处有一厕坑，约明日早晨来盘粪，已许之矣。”

乙默然。待至夜深，即率宅中人先盘粪，粪尽而人头见。乃取头出，尽复其粪。而以囊盛头，加石而投之江。

翼日，果有村农五六人来盘粪。事毕，无所见，相率去。于是乙告甲曰：“此后可高枕无忧矣。”居无何，乙复辞去，苦留之不可。诘其所往，则模糊以应。

时吾乡海寇正炽，被获者辄斩，每案至少亦十余人。一日有押海案赴市曹者，则乙在焉。甲大惊愕，就抱之而哭，押者皆侧目。乙忽举脚踢甲曰：“便宜了汝，我正想诬攀汝，今无及矣。”甲被踢，晕绝（昏厥）仆地。久而始苏，徐悟乙以一踢数言救之，否则海寇之党，鲜不被逮矣。乃感乙之恩，越日，私往收其尸，而经纪其家室焉。

古言盗亦有道，信矣。而如乙之智术，乃能救人，何不能自救？此盗之所以为盗欤。

——〔清〕梁恭辰《北东园笔录初编》

思考与训练

1. 鸦片战争前期，中英军舰互有残毁。如果继续执行林则徐路线，紧急购置西方炮舰，加强海防，后期是不是必定失败？会不会失败得那么惨？如果鸦片战争失败后，君臣齐心，朝野同德，加强军备建设，启动工业化进程，中国近代史会不会是另一种面貌？

2. 清政府割让香港岛，并未规定期限，实际上是永久相送。直到几十年后（1898）割让九龙，才规定性质是租借，期限是99年。如果中国政权没有回到人民手中，中国没有通过革命和工业化运动迅速强大起来，1997年收回九龙是否有把握？收回香港岛是否有可能？

子部

第十六课　少学而至老不倦

〔南北朝〕颜之推

本文系编者从《颜氏家训·勉学》近万字中，零星摘编而成的劝学文，强调两个主张。第一，读书是终生事业，不但少年当发奋，中老年也不可放松。第二，读书乃是为了促进精神发展和经世致用，而非为了寻章摘句、空怀博学。

人物故事

颜之推（531—约 591）：字介，祖籍琅邪临沂（今山东临沂），生于建康郡（今江苏省南京市）的一个士族官僚之家。系颜回第 35 代孙。中国古代文学家、教育家，生活于南北朝至隋统一期间。他博览群书，学问精深，初为南梁官员，后投奔北齐，官至黄门侍郎。北周灭北齐，他被征为御史上士。不久隋朝灭北周，他被召为学士。他自嘲“三为亡国之人”。传世著作有《颜氏家训》《还冤志》《集灵记》等。

皇甫谧（mì）（215—282）：幼名静，字士安，自号玄晏先生。安定郡朝那县（今甘肃省灵台县）人，魏晋时期学者、医学家、史学家，东汉名将皇甫嵩曾孙。20 岁尚游荡无为，养母啼哭劝学，他自此发奋苦读。42 岁得风痹症，悉心攻读医学，开始编撰《针灸甲乙经》。46 岁，魏相司马昭下诏征聘做官，不仕。51 岁，晋武帝续诏不仕。53 岁武帝频下诏敦逼，上疏自称草莽臣，仍不仕。54 岁，又举贤良方正，不仕，上表就帝借书，武帝送书一车；61 岁，帝又诏封为太子中庶、议郎、著作郎等，皆不应。68 岁病逝，所编著《黄帝三部针灸甲乙经》刊印面世，成为针灸鼻祖。其他编撰著述尚有《历代帝王世纪》《高士传》《逸士传》《列女传》《元晏先生集》等。

主课文

人生小幼，精神专利，长成已后，思虑散逸，固须早教，勿失机也。吾七岁时，诵《灵光殿赋》[1]，至于今日，十年一理，犹不遗忘。二十以外，所诵经书，一月废置，便至荒芜矣。

然人有坎壈[2]，失于盛年，犹当晚学，不可自弃。孔子曰："五十以学《易》，可以无大过矣。"魏武[3]、袁遗[4]，老而弥笃；此皆少学而至老不倦也。曾子[5]七十乃学，名闻天下；荀卿[6]五十始来游学，犹为硕儒；公孙弘[7]四十余方读《春秋》，以此遂登丞相；朱云[8]亦四十始学《易》《论语》，皇甫谧[9]二十始受《孝经》《论语》，皆终成大儒。此并早迷而晚寤也。

梁元帝尝为吾说："昔在会稽[10]，年始十二，便已好学。时又患疥，手不得拳，膝不得屈。闲斋张葛帏[11]避蝇独坐，银瓯[12]贮[13]山阴甜酒，时复进之，以自宽痛。率意[14]自读史书，一日二十卷，既未师受，或不识一字，或不解一语，要自重之，不知厌倦。”帝子之尊，童稚之逸，尚能如此，况其庶士，冀以自达者哉？

夫圣人之书，所以设教，但明练经文，粗通注义，常使言行有得，亦足为人；何必“仲尼居[15]”即须两纸疏义，燕寝、讲堂[16]，亦复何在？以此得胜，宁有益乎？光阴可惜，譬诸逝水。当博览机要，以济功业，必能兼美，吾无间焉。

（选自《颜氏家训·勉学》

注释

[1]《灵光殿赋》：即《鲁灵光殿赋》，东汉文学家王延寿作。著名文学家、书法家蔡邕见到王延寿此赋后，自愧弗如，遂焚自己同题赋。王延寿年20多岁溺死于湘水。

[2]坎壈（kǎn lǎn）：困顿。

[3]魏武：魏武帝曹操。

[4]袁遗：字伯业，袁绍堂兄，当官之后依然终身勤学。

[5]曾子：孔子弟子曾参，儒家重要学者。传说《大学》为其所著。本文说他“七十乃学”，似不妥当。

[6]荀卿：诸子百家中的荀子，儒家重要学者。

[7]公孙弘：汉武帝时期丞相。他70岁应诏入仕，封平津侯。《史记》《汉书》均有传。

[8]朱云：西汉学者。

［9］皇甫谧：魏晋期间学者。

［10］会稽：郡名。南朝时其治所在山阴（今浙江绍兴）。

［11］葛帏：葛制的帐幔。葛，植物名，其茎纤维可制葛布。帏，帐子、幔幕。

［12］瓯（ōu）：水盆、水杯。

［13］贮（zhù）：储存。

［14］率意：尽心尽意。

［15］仲尼居：《孝经·开宗明义》第一章。后人对“仲尼居”的“居”字，有的释为闲居之处，有的释为讲习之所，各持一端。疏义，系对经注而言，注是注解经文，疏是演释注文。

［16］燕寝、讲堂：燕寝，闲居之处。讲堂，讲习之所。

参考译文

人在幼时，精神专注敏锐。长大成人，思想容易涣散。所以教育孩子要趁早，不可坐失良机。我在 7 岁时，背诵《灵光殿赋》，直到今天，隔 10 年温习一次，仍然不会遗忘。20 岁以后背诵的经书，搁置一个月，便会荒废遗忘。

人总有困厄时，壮年无缘多学，晚年仍应勤奋，不可自暴自弃。孔子说：“五十岁学《易》，可以不犯大错。”魏武帝、袁遗，他俩到老年更专注于学问。他们都是从少到老勤奋不倦的例子。曾子 70 岁才发奋，最后名闻于天下；荀卿 50 岁才到齐国游学，仍然成了大学者；公孙弘 40 多岁才开始读《春秋》，靠这学问后来终于当上了丞相；朱云也是40岁才开始学习《易经》《论语》的，皇甫谧20岁才开始学习《孝经》《论语》，他们最后都成了大学者。这些都是早年沉迷而晚年悟道的例子。

梁元帝曾对我说：“我以前在会稽郡，年龄才12岁，就已经爱读书。当时我身患疥疮，手不能握拳，膝不能弯曲。我在闲斋中挂上葛布帐子，以避开苍蝇独坐，小银盆里装着山阴甜酒，不时喝上几口，以减轻疼痛。我尽心尽意读史，一天读20卷，无师传授，有时遇到一个字不识，或一句话不解，均自己钻研，未觉厌倦。”元帝以帝子之尊贵，以孩童之散逸，尚能用功如此，何况那些希望通过进学以求显达的贫寒子弟呢？

圣人之书，是用来教化群伦。只要熟读经文，精通注文，使之规范自己的言行，也就足以安身立命了；何必“仲尼居”三个字就要写两页注疏，你说“居”指闲居之处，他说“居”指讲习之所，无论何所，皆已消失。就此争个你输我赢，有何收获？光阴犹如逝水，当万般珍惜。我们应广泛阅读精要之处，以求有助于建功立业。如果能兼有博览与专精，我就不会有批评意见了。

赏析与写作指导

学以致用是真经

本文虽系摘编连缀而成，但也自成一体，具有内在逻辑，不失为一篇完整劝学文。

第一段强调少年是进学的最好时光，一定要珍惜，万不可错过。作者现身说法:“吾七岁时，诵《灵光殿赋》，至于今日，十年一理，犹不遗忘。”少年所学，必定终生受用，能不珍惜乎？一到成年，进学效果大为逊色。“二十以外，所诵经书，一月废置，便至荒芜矣。”这种对比，乃是训诫少年，一定不要“荒芜”了每人只有一次的少年时光。

少年固然应当勤勉，中老年是否就可以自暴自弃呢？非也。懒惰者好言“人到三十万事休”，仁人志士无不终身勤勉为学。作者以一批老而弥坚、功垂万代的历史名人为例，论证哪一天开始发奋都为时不晚。“公孙弘四十余方读《春秋》，以此遂登丞相；朱云亦四十始学《易》《论语》，皇甫谧二十始受《孝经》《论语》，皆终成大儒。”一个 40 岁始学、70 岁始仕的人，能够成为治国大才，在中国历史上最辉煌时期，治人事鬼，驾驭天下，兴云播雨，滋润九州，这对各年龄段的进学者，都是有力的劝勉鼓励。

第三段借用梁元帝自述，介绍这位帝子少年时期的进学精神和刻苦故事，目的在于劝诫身份低、条件差而有志于上进者，尤其应该百倍努力。“帝子之尊，童稚之逸，尚能如此，况其庶士，冀以自达者哉？”

三段文字都在强调必须刻苦进学，颇有层层递进意味。如果以此作结，也不失完整。但第四段主旨有发展，强调读书不是为了死记硬背、炫耀博学，而是为了安身立命和经世致用，文章立意因而立时升华。“常使言行有得，亦足为人”——安身立命也。“博览机要，以济功业”——经世致用、建功立业也。

没有前三段的铺垫，第四段难以立足。没有第四段的升华，前三段略显平庸。二者合璧，增强了劝学的说服力。

何谓经世致用、建功立业？用古人之言，即是治国济民；用今人之言，即是民族复兴。

延伸知识

朱云折槛传佳话

朱云：生卒年不详。字游，原居鲁地，后移居平陵，少好任侠，年四十，从博士白子友学《易经》，从前将军萧望之学《论语》。学业精进，与少府(九卿之一)五鹿充宗辩论易学获胜，遂授博士，进官。

朱云耿直狂放，进官较晚，少有明哲保身恶习，故能忠心为国，直言谏政。张禹曾是太子太傅，汉成帝继位后他晋升为宰相。可他爱财重奢，为政不力。朱云深为朝廷弊政担忧。他官小，无权参与朝会，特地上书要求朝见。他当着衮衮诸公，痛陈朝政积弊："当今公卿大臣，对上不能匡扶圣上，对下不能利益兆民，守其位而不谋其政，朝政懈怠。臣请陛下赐尚方宝剑，斩一佞臣，以警示百官。"

成帝问："你要斩者为谁？"

朱云答道："安昌侯张禹丞相。"

成帝大怒，道："你居下而谤上，咆哮朝堂，侮辱朕师，罪死不赦！"

御史遵旨上前，捉拿朱云。朱云两手紧紧攀住殿前门槛，奋力挣扎，竟把门槛折断。朱云大呼道：“微臣我得以和龙逢、比干相会，死而荣光，只是不知圣朝如何才能振奋精神。”

这时左将军辛庆忌摘掉官帽，解下官印和绶带，冒死进谏曰：“朱云一向狂傲直率。假如其言在理，就不可错杀忠臣；假如他放言无稽，也该宽容直谏。臣斗胆以死相争！”成帝怒气渐消，答应赦免朱云。

事后，职官带人来更换被朱云折断的门槛，成帝说：“不要换了，就留它表彰直言敢谏者！”

后人因以“攀槛、折槛、槛折”等指称冒死直谏，以“朱云节”“朱云折槛”称颂忠勇之臣。

朱云自此不复为官，归家讲学授徒，年 70 余寿终正寝。

成帝能赦免朱云，还能留此门槛自警，也算是略有自省之诚吧。

中国历史将朱云这种遭遇体制排斥的正直失败者列为圣贤之徒，受千秋万代称颂膜拜，表明中国历史是一部弘扬正能量的伟大历史。

副课文

难博学

矜淹雅者，喜旁搜博览，而于目前所读之书，每多忽略。如袁简斋太史所记，与诸翰林论《孟子》有韵之文，自“师行粮食”至“饮食若流”以下皆不能记忆，或且杜撰二语以足之。众疑其不类，翻孟子书观之，乃大噱。

乾隆时，博学鸿词不知“增广生员”四字出在《论语》注中，皆可笑之甚者。先大父在太平府时，尝阅黄山谷尺牍中有“损惠芗萁”语，忘“芗萁”（祭祀所用之高粱）为何物。时江右汪巽泉尚书方督学政，大父举以问之，尚书谢不知。适陈远雯太守云亦至，尚书告以先大父所问，太守哗曰：“陈君最好以僻典难人，《四库书》汗牛充栋，安得尽能记忆？”遂不研究。归以语余辈，时三弟昕年十二，方读《礼记》，卒然应曰：“‘黍曰芗合，粱曰芗萁’，《曲礼》语也。”大父翌日谓太守曰：“《礼记》诚僻书也。”相对轩渠。尚书闻之，笑曰：“两榜眼可谓眼大如箕矣。”盖汪、陈皆以第二人及第者也。

同治癸亥，史士良观察上左爵帅书论事，帅批其牍尾有曰：“该道喜用失事之人，良以使功不如使过耳，抑思古人弃妇蒌韭之喻乎？”观察不知四字出处，询余及汪时甫太守，皆不知，遍翻类书，不能得。时章采南殿撰以忧归，举问之，亦不能答，以为真僻书矣。嗣余至上海偶言之，大儿德浚适阅裴松之《三国志注》诸葛武侯与张藩书曰：“弃妇不过门，蒌韭不入园。”则此书亦未为僻也。

惟乡前辈言乾隆朝开大科征书至学，学官遣门斗（在房屋或厅室的入口处设置的一个必经的小间）持文传与荐者，门斗问诸君曰：“公等咸称博洽，亦知我‘门斗’二字于何时昉？取何义名？”皆瞠莫对。比至都，访之同征者，亦均无以对。迄今百有余年矣，计必有博学者能知之。

——〔清〕陈其元《庸闲斋笔记·卷二》

思考与训练

魏武、袁遗系“少学而至老不倦”，朱云、皇甫谧系“早迷而晚寤”，二者均有大成。你觉得哪一种更值得模仿？你愿意“早迷”还是愿意“早寤”？

____

____

____

第十七课 节用中

〔战国〕墨子

题解

节用，就是节省为满足繁文缛节、奢华观念所支出的资费财物，用以保障老百姓的温饱之需。节用需从两方面努力，一者引导老百姓形成俭朴、实用观念，节制事鬼神、谋奢华、装高贵的支出；二者引导统治者形成爱民、养民观念，节制隆礼、奢华、厚葬等各种不必要支出，从而减少对老百姓财物的征收与掠夺。这种代表底层人利益诉求的主张，与精英群体的利益诉求尖锐对立，对礼乐文化的发展和精英群体的享乐构成威胁，因而受到儒家学者的坚决批判和抵制。

人物故事

墨子：名翟（dí），战国初期宋国人，一说滕国人，生卒年不详。比孔子约晚出生几十年。墨家学派的创始人，著名思想家、教育家、科学家、军事家，墨家武装集团精神领袖和政治军事领袖。有人称之为出身于劳动人民的思想家。他在周礼崩溃、仁人志士纷纷为未来时代提供思想方向时，提出兼爱、非攻、尚贤、尚同、明鬼、非命、节葬、节用等观点，成一家之言，充分表达了底层劳动阶级的观念和诉求。战国时期墨子思想影响巨大，与儒学并称显学。他还创立了几何学、物理学、光学及一整套科学理论，是中国历史上第一个有迹可考的科学家。有《墨子》传世。

主课文

子墨子言曰："古者明王圣人所以王天下、正诸侯者，彼其爱民谨忠，利民谨厚，忠信相连，又示之以利[1]，是以终身不餍[2]，殁世而不卷[3]。古者明王圣人其所以王天下、正诸侯者，此也。"

是故古者圣王，制为节用之法，曰："凡天下群百工，轮车[4]、鞼匏[5]、陶冶[6]、梓匠[7]，使各从事其所能，曰："凡足以奉给民用，则止。"诸加费不加于民利者，圣王弗为。

古者圣王，制为饮食之法，曰："足以充虚继气，强股肱，耳目聪明，则止。不极五味之调、芬香之和，不致远国珍怪异物。"何以知其然？古者尧治天下，南抚交阯[8]，北降幽都[9]，东、西至日所出、入，莫不宾服。逮至其厚爱，黍稷不二，羹胾不重[10]，饭于土熘[11]，啜于土形[12]，斗以酌[13]，俯仰周旋，威仪之礼，圣王弗为。

古者圣王，制为衣服之法，曰："冬服绀緅[14]之衣，轻且暖；夏服絺绤[15]之衣，轻且清，则止。"诸加费不加于民利者，圣王弗为。

古者圣人为猛禽狡兽[16]暴人害民，于是教民以兵行。日带剑，为刺则入，击则断，旁击而不折，此剑之利也。甲为衣，则轻且利，动则兵且从[17]，此甲之利也。车为服重致远，乘之则安，引之则利，安以不伤人，利以速至，此车之利也。

古者圣王，为大川广谷之不可济，于是利为舟楫，足以将之，则止。虽上者三公、诸侯至，舟楫不易，津人不饰，此舟之利也。

古者圣王，制为节葬之法，曰："衣三领，足以朽肉[18]；棺三寸，足以朽骸；堀穴，深不通于泉[19]，流不发泄，则止。"死者既葬，生者毋久丧用哀。

古者人之始生、未有宫室[20]之时，因陵丘堀穴而处焉。圣王虑之，以为堀穴，曰：冬可以避风寒，逮夏，下润湿上熏烝，恐伤民之气，于是作为宫室而利。然则为宫室之法，将奈何哉？子墨子言曰："其旁可以圉风寒，上可以圉雪霜雨露，其中[21]蠲洁[22]，可以祭祀，宫墙足以为男女之别，则止。"诸加费不加民利者，圣王弗为。

（选自《墨子·节用中》）

注释

[1] 示之以利：给老百姓展示惠利所在。

[2] 餍：同"厌"。

[3] 卷：同"倦"。

[4] 轮车：造车的工匠。

[5] 鞼匏（guì páo）：制皮革的工匠。

[6] 陶冶：制作陶器、铁器的工匠。

[7] 梓匠：制作木器的工匠。

[8] 交阯（zhǐ）：即交趾。今越南北部红河地区，从汉到唐，为中国交趾郡，后独立为国。

[9] 幽都：第一种解法，幽都即幽州，系今北京、辽东一带。第二种解法，古人以幽都泛指雁门（今山西朔州一带）以北广大地区，因其地属北荒，日照不足，阴气所聚，故曰幽都。本书从前解。

[10] 羹胾（zì）不重：每顿饭只吃一个肉菜，不会有两个。羹胾在此指一个肉菜，而非羹和胾分为两个任选其一。古代羹并非指今日汤品，而是指带汤肉菜。胾，切成大块的肉。

[11] 土熘（liù）：盛饭陶器。

[12] 土形：即土铏，古代盛水陶器。

[13] 斗以酌（zhuó）：用木勺饮酒。斗，木勺。酌，斟酒、饮酒。

[14] 绀：微带红的黑色。

[15] 絺绤（chī xì）：细葛曰絺，粗葛曰绤。引申为葛服。

[16] 狡兽：矫健凶猛之兽。

[17] 兵且从：便利而合意。兵为“弁”之误，“便”之音借。

[18] 衣三领，足以朽肉：穿三套衣服，足以用到遗体腐烂。下句“棺三寸，足以朽骸”类推。

［19］堀（kū）穴，深不通于泉：墓穴深度不达到地下泉眼。限制墓葬深度。堀，同“窟”。

［20］宫室：古代指所有房屋，而非专制帝王宫殿。

［21］其中：宫室中央的空间，一般称“堂”。

［22］蠲洁（juān jié）：清洁。

参考译文

墨子说：“古代明王圣君，之所以能统一天下、匡正诸侯，乃因其爱民尽忠，利民尽厚。品兼忠信，又让百姓看到惠利所在。他们终身利益百姓而不满足，到死不敢倦怠。古代明王圣君所以能统一天下、匡正诸侯，原因即在于此。”

所以古代圣王，规定节用的原则是：“凡天下百工，造轮车者、制皮革者、烧陶器者、铸金属者、造木器者，各自从事其艺，发挥其能，所造足以供给民用，就停止生产。”其他种种器物徒增费用而不增加民众便利，圣王不为。

古代圣王，规定饮食的原则是：“只要能充饥补气，强壮手脚，聪明耳目，即可。不穷尽五味调和与气味芳香，不谋求远国珍奇食物。”为何知道古圣如此呢？古时尧帝治理天下，南面安抚交阯，北面降服幽都，东面西面直到太阳出没之地，没有谁不臣服。至于他最喜爱的食物，饭食或黍或稷，不会同时吃两种，肉菜只有一个，不会重复，用陶钵吃饭，用土杯喝汤，用木勺饮酒。俯仰周旋之礼，威严端肃之仪，圣王不为。

古代圣王，规定衣饰的原则是："冬穿黑青色之衣，图其轻便而暖和；夏穿细葛或粗葛布之衣，图其轻便而凉爽，如此即可。"其他种种衣饰徒增费用而不增加民众便利，圣王不为。

古代圣王，因凶禽猛兽残害人民，乃教导百姓携带兵器走路。每日带着剑，用剑刺则能刺入猛兽，用剑砍则能砍断猛兽，不小心砍到他物，剑也不会折断，此乃带剑之妙。穿上铠甲防身，轻巧便利，行动时方便又顺意，此乃穿甲之妙。车子能载重能行远，乘坐安稳，拉车便利，安稳而不会伤人，便利而速达，此乃乘车之妙。

古代圣王，因大河宽谷不能跨越，于是制舟造楫，足以行驶，即可。即使贵为三公、诸侯驾到，舟楫不更换，船夫也不格外打扮。此乃舟楫之妙。

古代圣王，制定节葬的原则是："寿衣只穿三套，足够与死者遗体同朽；棺木三寸厚，足够与死者骸骨同朽。掘墓穴，深度不及地泉，又不使腐气散发于地面，如此即可。"死者既已安葬，生者不必长久服丧哀悼。

古初人类刚出现，尚无房屋，依山挖洞而居。圣人对此怀忧，看着刚挖好的洞穴说："洞穴虽然冬天可避风寒，但一到夏天，下面潮湿，上面热气蒸发，恐怕伤害百姓气血体格。"于是想着建造房屋来便利百姓。建造房屋应遵循何种原则呢？墨子说道："房屋四边可御风寒，屋顶可御雪霜雨露，房屋中央大堂宽阔清洁，可供祭祀。室内壁墙，足以使男女各自方便，如此即可。其他种种设施徒增费用而不增加民众便利，圣王不为。"

赏析与写作指导

《墨子》的写作手法

《墨子》中主要文章，如《尚贤》《尚同》《兼爱》《非攻》《天志》《节用》等，都分为上中下三篇。三篇文章观点同一，文字和论证过程有一定差异。一般都是上篇最为简明扼要，故对于《尚贤》《尚同》《兼爱》《天志》诸文，本书均选用其上篇。《节用》本来也选其上篇，撰写辅文时，感觉其假借字、词法、句法都比较复杂，对第三级的习者来说难度偏高，故临时更换为《节用中》。

《节用中》虽有几个生僻字，但大多直用本义，词法简明，无复杂句法。全文结构特别单纯。

本文入题讨论"古者明王圣人"治国平天下的目的，在于"利民""示之以利"，这是为"节用"主张设置价值目标。咱老墨不是为节用而节用，乃是为利民而节用。然后就从多个方面，讨论如何才能节用。

器物节用：轮车、鞼匏、陶冶、梓匠等制作，"凡足以奉给民用，则止"。

饮食节用："不极五味之调、芬香之和，不致远国珍怪异物。"

衣服节用："冬服绀緅之衣，轻且暖；夏服絺绤之衣，轻且清，则止。"

舟楫节用："虽上者三公、诸侯至，舟楫不易，津人不饰。足以将之，则止。"

丧葬节用:“衣三领，足以朽肉；棺三寸，足以朽骸；堀穴，深不通于泉，流不发泄，则止。”

房屋节用:“其旁可以圉风寒，上可以圉雪霜雨露，其中蠲洁，可以祭祀，宫墙足以为男女之别，则止。”

行文之中，作者反复强调圣王行为准则:“不加于民利者，圣王弗为。”这与开篇“利民”主张相呼应。

节用是手段，利民是目的。本文开篇主张利民目的，后边列举器物、饮食、衣服、舟楫、丧葬、房屋六个方面的节用措施，共同实现利民目的。为了达到目的，落实措施，还为圣君提供了工作方法，那就是“不加民利者，圣王弗为”。

短短几百字，目的手段方法齐全，若非高瞻远瞩，恐难做到。能流传至今的先秦诸子著作，都是精品中的精品。

延伸知识

古文中的错简现象

“古者圣人为猛禽狡兽暴人害民，于是教民以兵行。日带剑，为刺则入，击则断，旁击而不折，此剑之利也。甲为衣，则轻且利，动则兵且从，此甲之利也。车为服重致远，乘之则安，引之则利，安以不伤人，利以速至，此车之利也。”

按照上文《〈墨子〉的写作手法》分析，文章主体部分是列举节用的六个方面，其中却夹杂着这段讨论“剑之利、甲之利、车之利”的文字，你觉得此段能融入全文之中吗？像是为本文所写之文字吗?

文中也有讨论“舟之利”之文字，你可能认为，既然“舟之利”可入文，“剑之利、甲之利、车之利”为何不可入文呢?可是“舟之利”不是以“舟之利”入文，而是以“足以将之，则止”和“虽上者三公、诸侯至，舟楫不易，津人不饰”而入文的，因为这些文字体现了节用主旨。而“剑之利、甲之利、车之利”光言利而不言止，不言节，故颇为不伦。

那么，这段意义无关的文字，是如何夹入本文的呢?

整理古籍时，常会遇到错简现象。先秦的古人著书，乃是写在一条条竹简上，然后用绳子编排为卷。传播过程中，如果绳子断了，重新编排，就难免排错，出现错文，并以讹传讹。后世出土竹简，因绳子朽烂，更是散乱错杂，也得重新编排。这样也难免出现错编错排现象，乃成错简。

鄙意以为，本文此段，乃系错简。

副课文

羞疾

湖州沈秀才，少年入泮（pàn，考取秀才），才思颇美。年三十余，忽得羞疾：每食，必举手搔其面曰：“羞，羞。”如厕，必举手搔其臀曰：“羞，羞。”见客亦然。家人以为癫，不甚经意。后渐尪羸（wāng léi，瘦弱），医治无效。有时清楚，问其故，曰：“疾发时，有黑衣女子捉我手如此，迟则鞭扑交下，故不得不然。”

家人以为妖。适张真人过杭州，乃具牒焉。张批：“仰归安县城隍查报。”后十余日，天师遣法官来曰：“昨据城隍详称，沈秀才前世为双林镇叶生妻，黑衣女子者，其小姑也。叶饶于财，小姑许配李氏，家贫，叶生爱妹，延李郎在家读书，须李入泮，方议婚期。

“一日者，小姑步月，见李郎方夜读，私遣婢送茶与郎。婢以告嫂，嫂次日向人前手戏小姑面曰：‘羞，羞。’小姑忿，遂自缢。诉城隍神，求报仇索命。神批其牒云：‘闺门处女，步月送茶，本涉嫌疑，何得以戏谑微词索人性命？不准。’

小姑不肯已，又诉东岳。东岳批云：‘城隍批词甚明，汝须自省。但沈某前身既为长嫂，理宜含容，况姑娘小过，亦可暗中规戒，何得人前恶谑？今若勾取对质，势必伤其性命，罪不至此。姑准汝自行报仇，俾他烦恼可也。’”

所查沈某冤业事，须至牒者。天师曰：“此业尚小，可延高僧替小姑超度，俾其早投人身，便可了案。”如其言，沈病遂痊。

——〔清〕袁枚《子不语·卷十》

思考与训练

古者圣王，制为节葬之法，曰:“衣三领，足以朽肉；棺三寸，足以朽骸；堀穴，深不通于泉，流不发泄，则止。”死者既葬，生者毋久丧用哀。

此主张，在《节葬》中有充分论述。其意有简葬、节哀二点。你认为这两点在今日社会有何意义？

第十八课 原臣

〔明〕黄宗羲

题解

原臣，即探究最本原的为臣之道。朝廷命官，应该如何理解自己与君、民、天下的关系？如果理解错误，将非贤臣。作者黄宗羲认为："盖天下之治乱，不在一姓之兴亡，而在万民之忧乐。""我之出而仕也，为天下，非为君也；为万民，非为一姓也。"捍卫人民利益，谋求人民福祉，才是为臣之道。

人物故事

黄宗羲（1610—1695）：浙江绍兴府余姚县（今隶属宁波）人。字太冲，一字德冰，号南雷，别号梨洲老人、梨洲山人等，学者称梨洲先生。明末清初经学家、史学家、思想家、地理学家、天文历算学家、教育家。"东林七君子"之一黄尊素长子，与顾炎武、王夫之并称"明末清初三大思想家"，与陕西李颙、直隶容城孙奇逢并称"海内三大鸿儒"，被誉为"中国思想启蒙之父"。他提出"天下为主，君为客"思想，主张以"天下之法"取代皇帝的"一家之法""天下之治乱，不在一姓之兴亡，而在万民之忧乐”，将国家主体锁定为人民而不是君王。他曾读尽天一阁7万册藏书，并为之编目。自己藏书也积累到7万册。博览群书，学问极为渊博，一生著书50余种，300多卷，代表作有《明儒学案》《宋元学案》《明夷待访录》《破邪论》等。

主课文

有人焉，视于无形，听于无声[1]，以事其君[2]，可谓之臣乎？曰：否！杀其身[3]以事其君，可谓之臣乎？曰：否。夫视于无形，听于无声，资于事父[4]也；杀其身者，无私之极则[5]也。而犹不足以当之，则臣道如何而后可？

曰：缘夫天下之大，非一人之所能治，而分治之以群工[6]。故我之出而仕也，为天下，非为君也；为万民，非为一姓也。吾以天下万民起见[7]，非其道，即君以形声强我[8]，未之敢从[9]也，况于无形无声乎！非其道，即立身于其朝，未之敢许[10]也，况于杀其身乎！不然，而以君之一身一姓起见，君有无形无声之嗜欲，吾从而视之听之，此宦官[11]宫妾[12]之心也；君为己死而为己亡[13]，吾从而死之亡之，此其私昵[14]者之事也。是乃臣不臣之辨也[15]。

世之为臣者昧[16]于此义，以谓[17]臣为君而设者也。君分吾以天下而后治之，君授吾以人民而后牧之[18]，视天下人民为人君橐[19]中之私物。今以四方之劳扰[20]，民生之憔悴，足以危吾君也，不得不讲治之牧之之术。苟无系于社稷[21]之存亡，则四方之劳扰，民生之憔悴，虽有诚臣[22]，亦以为纤芥[23]之疾也。夫古之为臣者，于此乎，于彼乎？

盖天下之治乱，不在一姓之兴亡，而在万民之忧乐。为臣者轻视斯民之水火[24]，即能辅君而兴，从君而亡，其于臣道固未尝不背[25]也。

（选自《明夷待访录》）

注释

［1］视于无形，听于无声：指君王尚未表示出有形有声的需求与想法。

［2］以事其君：指大臣能推知君王的需求与想法，而逢迎之。

［3］杀其身：语出《论语·卫灵公》“志士仁人，无求生以害仁，有杀身以成仁”。杀，自杀或被杀，即今所谓牺牲。

［4］资于事父：用来侍奉父亲的。

［5］极则：最高准则。

［6］群工：群臣，百官。工，官。

［7］以……起见：固定句式，以……为出发点，为……着想。起，开起，产生。

［8］以形声强我：以形象和声音，明确表示出来，勉强我。

［9］未之敢从：未敢从之。宾语之前置。

［10］未之敢许：未敢许之。宾语之前置。

[11] 宦（huàn）官：古代被阉割生殖器的人，在宫廷内侍奉皇帝及其家族。或称太监、寺人、阉人、阉官、宦者、中官、内官、内臣、内监等。

[12] 宫妾（qiè）：宫廷中的婢妾。

[13] 君为己死而为己亡：君王为他自己而死。《左传·襄公二十五年》记载，齐庄公与臣子崔杼妻子私通，被崔杼杀死。晏婴说："君为社稷死，则死之；为社稷亡，则亡之；若为己死而为己亡，非其私昵，谁敢任之？"

[14] 昵（nì）：亲近。

[15] 是乃臣不臣之辨也：此乃是臣和不是臣的区别。臣，是臣。不臣，不是臣。辨，区别。

[16] 昧（mèi）：糊涂，不明白。

[17] 以谓：以为。谓，通"为"。

[18] 牧之：治理人民。古时把官吏治民，比作牧人牧养牲畜。

[19] 橐（tuó）：口袋。

[20] 劳扰：劳苦骚扰，这里指人民受劳苦、受骚扰。

[21] 社稷（shè jì）：国家。社，土神。稷，五谷之神。社稷指代国家政权。

[22] 诚臣：忠于职守的臣。

[23] 纤芥（xiān jiè）：细微。

[24] 水火：这里指水灾、火灾。代指最大苦难。

[25] 背：背离。

参考译文

有一种人，尚未看见君王的表情，尚未听见君王的言语，就能知道君王的需求与想法，并据此服侍之。此种人能称作臣吗？答曰：不能。有一种人，用牺牲生命来为君王服务，可以称作臣吗？答曰：不能。无明确表示也能体察到对方心意，那是用来侍奉自己父亲的。愿意牺牲生命，那是无私奉献的最高境界。如此还不能称作臣，那么为臣之道究竟要怎样才算可以呢？

答曰：由于天下太大，一人无法独自治理，只能由百官分治。因此，我之所以出来当官，是为天下，而非为国君；是为万民，而非为某一姓一族。当官必须为天下万民着想，不合此道，即使国君明确强迫我，我也不敢服从，更何况没有明确强迫！不合此道，我根本不想在朝为官，更何况要牺牲自己的生命呢！若非如此，而是天天为君王一家一姓着想，天天揣测君王的隐秘嗜好和欲望，并刻意满足它，那只是宦官和宫妃心态。君王为他自己而死，我也跟着殉身，那非臣下之职而是君工私友之事。这就是臣与非臣的区别。

世上做臣子的不明此理，说什么臣就是为君所设。是君把天下分给我治理，是君把人民交给我管理，此乃把天下兆民看作国君囊中私物。当今各方扰乱百姓，百姓生活痛苦，足以危及君王，臣子们才不得不讲求治国保民之法。若非威胁到国家政权之存亡，那么各方扰乱，百姓痛苦，即使在忠臣眼里，也被看作微不足道之事。古代那些贤臣，也是如此吗，还是并非如此？

无论如何，判断天下治乱，不可依据一姓之兴亡，而当依据万民之忧乐。做臣子的如果不重视百姓患难，即使他辅政兴邦，随君殉身，他于为臣之道也不能说没有背离。

赏析与写作指导

为君为臣皆为民

为臣之道，是古代政治学说的重要内容。汉代刘向《说苑》20卷，第一卷《君道》，第二卷就是《臣术》。黄宗羲《明夷待访录》，第一篇《原君》，第二篇就是《原臣》。

事主忠君，食其禄而忠其事，是古代为人处世的基本原则。曾子三省吾身时，第一条就是“为人谋而不忠乎”。管仲在公子纠死后，没有为之殉命，反倒为其政敌公子小白（齐桓公）出任宰相。直到孔子时代，还不断有学生和士大夫拿这个跟孔子抬杠。那么巨大的历史贡献和历史影响，都没法堵住后人的嘴。忠主尽职的观念，古人执守何其严也。忠君是此观念的表现形式之一。

忠君有两层含义，一层是以君为所事之主，必须忠之。二层是以忠君实现对国家的忠诚，因为君乃国家的代表，社稷江山万民的代表。第二层忠君，至今值得肯定。

明末清初，中国思想界出现了一股对中国几千年历史提出质疑、对君主制度和帝王权威提出尖锐批判的思潮。黄宗羲是此一思潮的杰出代表。他集中火力攻击忠君思想的第一层含义，对第二层含义则避而不谈。这是写批判文章的基本策略，叫作攻其一点，不及其余。

黄宗羲设定国家伦理为讨论框架，认为为君、为臣，都只有尽心为国家、为万民服务，才有存在的合法性。既然如此，臣和君就不是私人关系，而是共治国家的伙伴。“以君之一身一姓起见，君有无形无声之嗜欲，吾从而视之听之，此宦官宫妾之心也；君为己死而为己亡，吾从而死之亡之，此其私昵者之事也。”既然臣子对君王不存在私人义务，那么忠君死君的伦理依据就完全消失，忠君思想也就无处立足。

批倒了忠君死君思想，那么臣应该忠于谁呢？此文在驳论同时，还有立论，是一肩双挑的议论文。作者指出：“我之出而仕也，为天下，非为君也；为万民，非为一姓也。”“天下之治乱，不在一姓之兴亡，而在万民之忧乐。”在抽空了臣子忠君死君的伦理依据的同时，作者为臣子搭建了忠于万民、献身天下（国家）的价值依据，重建了臣的合法性，而且使臣的政治形象在新的政治哲学中更加高大神圣。

在明朝政权腐败崩溃、清朝入主中原统治的现实语境中，黄宗羲重建了君、臣、民三者的政治关系，解构了君作为天下和万民代言人的身份，把万民（人民）置于至高无上、近乎神圣的位置上。他由此告诫众臣，不要老是眼光盯着君王，而要一心系念华夏万民。诞生于清初的这种非君理论，对以屠杀万民而建立起来的清朝政权的合法性和权威，具有尖锐的挑战意味。研究黄宗羲对君权的猛烈抨击，既要看到他对君主制度的批判，也要看到他在特殊语境中对清朝君主的质疑与否定。

延伸知识

一代勇烈黄宗羲

黄宗羲既是里程碑式的大思想家，又是一代忠孝烈士，不能不多介绍几句。其父黄尊素是坚决反对魏忠贤阉党集团的“东林七君子”之一，被魏忠贤迫害致死。那年(1626)黄宗羲16岁，陪着父亲进京入狱。他在狱外等待案情进展，最后等来了父亲早就腐烂、无法辨认的遗体。

崇祯登基后，整肃阉党，黄宗羲怀揣铁锥入京上诉。崇祯元年（1628）五月，刑部开庭审理魏忠贤心腹许显纯及其帮凶崔应元，黄宗羲作为受害者家属到庭对证。许显纯是前朝孝定皇后外孙，审讯的官员问案过于客气，许、崔二人气焰颇为嚣张。黄宗羲不顾什么审案的规矩，抽出袖中锥子，向许显纯猛刺，大声喝道：“你们害死我父，作恶多端，铁证如山，竟然还敢狡辩！”

许显纯跪地求饶，又说自己是皇后的外孙，按律应当从轻发落。黄宗羲驳斥：“你害了许多忠臣性命，即使是皇族子孙，也够杀头的，何况你一个外亲。”他又当众痛打崔应元，并扯下他一把胡须，拿去祭奠亡父。

崇祯十七年（1644）春，明朝灭亡。五月，南京弘光政权建立，阉党余孽阮大铖为兵部侍郎，继续捕杀东林党人和复社人，黄宗羲等被捕入狱。

清顺治二年（1645）五月，清军攻下南京，弘光政权崩离，黄宗羲乘乱逃离南京，返回余姚，积极组织抗清运动。

顺治二年闰六月，余姚孙嘉绩、熊汝霖起兵抗清。黄变卖家产，召集600余青壮年，组织“世忠营”投入抗清。他投奔鲁王，积极联络各路抗清武装。兵败后在海上小船中找到鲁王，决意赴日本求救兵。与阮美、冯京第渡海赴日，无功而返，打算隐居著书。然而社稷难忘，壮心不已，仍捎鲁王密信联络金华诸地义军，派人入海向鲁王通报清军即将攻打舟山之情报。

他从事反清斗争十几年，直到清政权稳固之后，才不得不接受现实，绝尘隐匿，专事教书与著述。内心也逐渐与清政权和解，著述用清朝纪年。他的妥协遭到远近亲友的激烈反对，包括胞弟在内的许多故旧与之绝交。清政府多次召他出山为官，他坚决谢绝。清廷请不动他修明史，乃请他学生万斯同主修。他嘱咐万斯同，可以修史，但不可担任清朝官职，不可领清朝俸禄。直到80周岁那年，康熙皇帝还对他念念不忘，再次召请他进京做顾问，他再次拒绝。

临终之前，他嘱咐儿子，死后不穿寿衣，只需盖个帐子，裸体安葬。后人猜测，只有如此才能避免穿清朝寿衣。至死不做清朝之臣啊。

副课文

梦中破案

曹州刘姓，以典当为业。虞城张某，为经理其事已二载矣，少有蓄积。岁暮欲归，主人留至元旦，乘一青骡去。相订上元日返曹州。至期不至，刘因遣人促之来。至其家，则云："未尝归也。"两家致讼，控至抚按（巡抚和巡按），勒限饬（命令）县捕拿。延至六月矣，公差惶遽（huáng jù，慌乱）无措。

一夕，访于城南，见有老人偕一年少相谓曰："月色甚佳，何不向凉亭一行？"曹州南城十数里，旧有凉亭。公差私议："二人于此时往，倘城门闭，何由而入？"心异之。遂先至彼相伺（守候）。

未几，二人果至。听所言，皆邻里间琐事。有顷，少年忽云："城内刘姓事至今未明，余心窃计，乃西门外卖饼孙姓利其财物，因而害之也。"翁问故，少年云："饼店在此已数载，今春倏闭，是以疑之。"翁叱云："此事大有干系，何得妄语？"意甚拂然（fú rán，不悦貌）。旋云："夜深，可归矣。"

公差尾其后，行甚速。至南城，门已闭，见二人从门隙入。差亟（jí，急）呼司阍（sī hūn，看门人）启钥入城，则两人尚在前行。至小弄，少年与翁别。入门，门亦未启也。复随翁行二十余家，亦未启扉而入。差大惊，叩其户。半晌翁出，持纸捻，披衣，极困惫之状。差曰："适间与少年凉亭看月，何遽睡耶？"翁神色迟疑曰："看月有之，乃梦中事也。"差复胁之往诣少年，少年出，亦如翁状。乃拘入县署，述梦中语。次早，遣二人至某村迹孙姓所居，则青骡宛系门首也，因锁拿到县，一讯而服，遂起赃问抵偿焉。

此乙巳夏间事。曹州守吴忠诰向为绥德州牧，与严道甫善，告道甫也。

——〔清〕袁枚《子不语·卷十二》

思考与训练

“今以四方之劳扰，民生之憔悴，足以危吾君也，不得不讲治之牧之之术。苟无系于社稷之存亡，则四方之劳扰，民生之憔悴，虽有诚臣，亦以为纤芥之疾也。”这段话比较绕口，请仔细分析，理清文理，然后回答下列问题。

（1）两句话的主语是什么？君吗？臣吗？民吗？

（2）作者对此言描述的情况是何态度？批评吗？赞赏吗？不置可否吗？

第十九课 畿辅水利议总叙

〔清〕林则徐

题解

本文先说漕运的巨大成本，接着说应该在京冀地区种植水稻，顺理成章地提出京畿地区益农水利系统的建设。这种产业布局主张，和兴修水利创造条件的思路，显示了作者的战略远见。

人物故事

林则徐（1785—1850）：生平介绍见本书第十五课“人物故事”。

主课文

窃惟国家建都在北，转粟自南，京仓一石之储，常糜[1]数石之费。循行既久，转输固自不穷，而经国远猷[2]，务为万年至计，窃愿更有进也。恭查雍正三年，命怡贤亲王总理[3]畿辅[4]水利营田，不数年垦成六千余顷。厥后功虽未竟，而当时效有明征，至今论者慨想遗踪，称道勿绝。

窃见南方地亩狭于北方，而一亩之田，中熟之岁，收谷约五石，则为米二石五斗矣。苏松[5]等属，正耗漕粮年约一百五十万石，果使原垦之六千余顷修而不废，其数即足以当之。又尝统计南漕[6]四百万石之米，如有二万顷田，即敷所运。傥[7]恐岁功不齐，再得一倍之田，亦必无虞短绌[8]。而直隶、天津、河间、永平、遵化四府州可作水田之地，闻颇有余，或居洼下而沦为沮洳[9]，或纳海河而延为苇荡，若行沟洫[10]之法，皆可成为上腴[11]。

谨考宋臣郏亶、郏乔之议，谓治水先治田，自是确论。直隶地亩，若俟众水全治而后营田，则无成田之日，前于道光三年举而复辍，职是之故[12]。如仿雍正年间成法，先于官荡试行，兴工之初，自酌给工本，若垦有功效，则花息年增一年。譬如成田千顷，即得米二十余万石，或先酌改南漕十万石，折征银两解京，而疲帮九运之船便可停造十只，此后年收北米若干，概令核其一半之数折征南漕，以为归还原垦工本，及续垦佃力之费。行之十年，而苏、松、常、镇、太、杭、嘉、湖[13]八府州之漕，皆得取给于畿辅。如能多多益善，则南漕折征，岁可数百万两，而粮船既不须起运，凡漕务中例给银米，所省当亦称是，且河工经费因此更可大为撙节[14]。上以裕国，下以便民，皆成效之可卜者。至漕船由渐而减，不虑骤散水手之难，而漕弊不禁自除，绝无调剂旗丁之苦。朝廷万年至计，似在于此。

谨荟萃诸书，择其简明切要可备设施者，条列事宜，析为十二门。凡所钞辑，博稽约取，匪[15]资考古，专尚宜今，冀于裕国便民至计或稍有裨补云。臣林则徐谨叙。

（选自《畿辅水利议》）

注释

[1] 糜（mí）：浪费。

[2] 远猷（yóu）：远谋。猷，谋划。

[3] 总理：全面主持、管理。

[4] 畿辅（jī fǔ）：都城周边地区。本文即指北京、天津及河北省廊坊、保定、唐山、涿州等市。

[5] 苏松：长江三角洲地区苏州县、松江县（今属上海一区）。

[6] 南漕：即南粮。

[7] 傥（tǎng）：如果。同“倘”。

[8] 无虞短绌（chù）：不用担心短缺。虞，担忧。绌，不足，短缺。

[9] 沮洳（jù rù）：低湿之地。

[10] 沟洫：用以排水的沟渠系统。

[11] 上腴（yú）：最肥沃的土地。腴，肥沃。

[12] 职是之故：由于这个原因。职，由于。

[13] 苏、松、常、镇、太、杭、嘉、湖：长江三角洲地区苏州、松江、常州、镇江、太仓、杭州、嘉兴、湖州诸府，均在今上海、江苏、浙江辖区内。

[14] 撙节（zǔn）：抑制；节制。

[15] 匪：不是。

参考译文

我私下考虑到国家建都在北，一直是从南方往北方运送粮食，这就导致京都粮仓要储存一石粮食，常常要浪费掉数石。由南往北运送粮食这一惯例遵循已久，运输固然没有停止，但治理国家的长远谋略，务求能有利于万年的最佳方案，我想要对此有进一步的考虑。我查阅资料，发现在雍正三年（1725），皇帝命令怡贤亲王，统管京城附近地区的水利状况以经营粮田，没有几年就垦成6000余顷。此后虽然没有达到预期的丰硕收获，但当时已经出现了一定的生产效果，至今说到此事的人，都对此不断称道，并且认为应该沿着这个路线继续进行下去。

我看到南方的田地相比北方更为狭窄，一亩田，中熟稻谷在一年大概能够获得稻谷五石，并进而可得到二石五斗大米。苏州、松江等地，在漕运中除漕粮正税外，另向民户征收漕运损耗粮食，一年达到150万石。如果使得京冀地区原来开垦的6000余顷田，修复而不废弃，其一年所生产的粮食大概就是这个数。我还曾经统计了南粮400万石大米，如有两万顷田，其产出就抵得上南方运来的粮食。倘若担心一年农事的收获不好，还需要多一倍的田，才能达到要求，不至于出现短缺。我听说直隶、天津、河间、永平、遵化四府州，可以作为水田的田地，听说非常充裕，有的是处在低洼地势形成的湿地，有的是海河边上的芦苇荡，如果建立沟渠排水系统，都可以变成最为肥沃的粮田。

我仔细考察了宋朝大臣郏亶、郏乔的论述，其中说到治水先治田，这一直被认为是正确且恰当的。直隶田地，如果等到所有的水利都治理好，而后开始营田，则等不到成田之日。在道光三年（1823）这么做而后中止，就是因为这个缘故。如果仿照雍正年间的老方法，先由政府将其作为试行工程，兴工开始的时候，酌情给兴工成本，如若开垦有功效，则逐年增加投入，比如得到千顷水田，则得20余万石大米。或是南粮10万石，折征银两押送京城，则疲帮九运的船只便可停造10艘。此后每年收获北米若干，就令其用一半数量来抵掉南粮，以此来贴补开垦的成本，并保证开垦劳力的花费。这样运行10年，则苏州、松江、常州、镇江、太仓、杭州、嘉兴、湖州八府州的漕运，就都可以折算为银两，用来供给京城附近地区开垦之需。如果可以则是多多益善，那么南粮折征的量，一年可达到数百万两。同时粮船不须起运，凡漕务中按例给的银米，所节省的当很是可观，河工经费因此也可大大节制。这样的做法不仅可以富裕国家，也利于百姓，其成效是可以预见的。至于漕船慢慢减少，不用担心因为解散水手而带来的难处，且漕运的弊端不禁自除，也不用遭受调治漕运兵丁之苦。朝廷万年至计，或许就在于此。

在此我郑重地荟萃诸书，选择其中简明切要且可以用来操作实施的建议，分条罗列相关内容，一共分为12部分。凡是所钞辑的内容，都博稽约取，没有专门去考古，而是要利于当下，希望这些好的策略能够富裕国家福利百姓，至少稍有助益。臣林则徐谨叙。

赏析与写作指导

把水稻种满北方

漕运是将南方财富（主要是粮食）运往北方的物流体系，这个物流体系成本特别高。如果北方也能种植水稻，生产足够北方市场所需要的大米，就能节省大量物力财力用于其他生产。历代职官都在研究京畿地区水利系统的建设，以便实现北方特别是京都大米自给。林则徐将这些研究成果编纂成书，意在促进这一产业战略尽快落实。

作者先说经济布局的不合理："国家建都在北，转粟自南。"继言漕运的巨大成本："京仓一石之储，常縻数石之费。"然后顺理成章地提出改革的必要性："经国远猷，务为万年至计，窃愿更有进也。"

如何改革呢？前人已经探索过了："雍正三年，命怡贤亲王总理畿辅水利营田，不数年垦成六千余顷。"这次探索虽然没有达到预期效果，但是产生了巨大影响："厥后功虽未竟，而当时效有明征，至今论者慨想遗踪，称道勿绝。"这就为今天继续探索提供了基础。

京畿之地有没有条件尝试水稻种植，关键在有没有足够的水源。作者认为，水资源这个必备条件，是可以通过兴修水利来解决的。"直隶、天津、河间、永平、遵化四府州可作水田之地，闻颇有余，或居洼下而沦为沮洳，或纳海河而延为苇荡，若行沟洫之法，皆可成为上腴。"

而兴修水利，是需要政府出面组织的大型工程，即使是地方官也孤掌难鸣，必须由中央朝廷下定决心、统一布局、组织落实。所以，林则徐把历代皇帝和大臣关于在北京地区兴修水利、种植水稻的文献，编纂起来，献给皇帝和朝廷，以期引起重视。他特意为该书作序，用以点题。序言中特别强调了编书目的：“匪资考古，专尚宜今。”

序言原文1000余字，本编者删去了300余字，以便习者一心抓住重点，不至于被枝蔓所牵扯。

延伸知识

一部治国利民的好书

《畿辅水利议》主要是编纂历代君王、大臣关于兴修水利、扩大耕种面积的谕旨、奏章、论文，以及地方志中对地质、水文、气候等条件的叙述，还夹杂大量“臣则徐谨案”的按语，系统总结、发挥上述内容。该书《总叙》提到的水利专家型官员，就有一大批。“盖近畿水田之利，自宋臣何承矩，元臣托克托、郭守敬、虞集，明臣徐贞明、邱浚、袁黄、汪应蛟、左光斗、董应举辈，历历议行，皆有成绩。国朝诸臣，章疏文牒，指陈直隶垦田利益者，如李光地、陆陇其、朱轼、徐越、汤世昌、胡宝瑔、柴潮生、蓝鼎元，皆详乎其言之。”（主课文中删去了这些内容）

除了君王、大臣的研究与主张外，该书还列举了畿辅地区农民自发种植水稻的实例，用以证明大面积推广的可行性。

“卢沟桥以上修家庄，地居山麓，大半沙碛，乃农人自营稻田，历今数十余年不废。盖务此者皆晋人，性习勤而无畏难，故业成卒享其利。其艺稻之法，布列石渠，即于沙石之上引水留泥，复于四五月河水涓细之时，通水而上，借以插秧，水足则仍泄于本河。正定、平山引滹水植稻，亦用此法。上而宣、大间，处处可引，惟在贤有司实心劝导，示以有征之成效，课使各自营力，斯善于兴利者矣。”

这个山西农民未得政府奖励即勤勉于水稻，如果政府予以支持、辅助，还怕不能丰收吗？

拳拳之心，搏动于字里行间。

副课文

魏象山

余窗友魏梦龙，字象山，后余四科进士，由部郎迁御史。己卯，典试云南，殁于途，归柩于西湖昭庆寺。其年十月，沈辛田观察亦厝（cuò，放置）其先人之柩于此寺，见前屋厝柩旁列“云南大主考”金字牌，知为魏君。魏故辛田所善也。

俄而吊客来，孝子当扶杖行礼。辛田弟清藻忽不见，觅之，昏昏然卧魏柩前，神色惨沮。扶归，则寒热大作，病势沉重。医者下药，方开“人参三钱”。辛田心狐疑，未敢用参。至牀前视弟，弟跃起坐如平时，拱手笑曰：“沈五哥，别久矣，佳否？”

辛田怪而呵之。旁有二女眷观疾，清藻又手挥之曰："两嫂请回避。愿假纸笔，我有所言。"与之纸，熟视笑曰："纸小，不足书也。"为磨墨而以长幅与之，乃凭几楷书，曰：

"梦龙白：梦龙奉命典试云南，从豫章行至樊城，感冒暑热。奴子吴升，不察病原，误投人参三钱，遂至不起。甚矣，人参之不可轻服也！樊城令某，经理丧事颇尽心力，使灵柩得还家，而诸弟啧有烦言，诬其侵蚀衣箱银两，殊不识好歹。家中所存，只破书几卷，诸弟尚忍言分析乎？覆巢完卵，还望诸弟照应之。"书毕，掷管而卧。须臾又起，提笔将"人参不可轻服"数字旁加密圈。辛田大惊，不敢为弟下人参。请魏家人来，以所书示之，皆骇叹，汗泪交下。

寻弟病愈。问其索纸作书状，全不省记，但云："病重时，见短身多须而衣葛者入房，便昏然不晓人事矣。"沈年幼，不及见魏君，所云者果魏君貌也。沈后中辛卯探花，卒不永年而死。

——〔清〕袁枚《子不语·卷十》

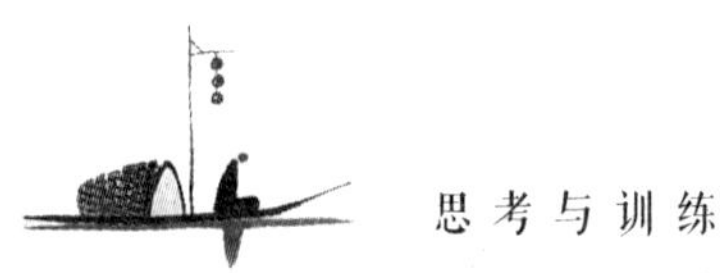

思考与训练

认真研读下文，回答相关问题。

臣则徐谨案：周人重农，故农官莫详于《周礼》。汉魏而降，如搜粟都尉、宜禾都尉、典农中郎将、司田参军，皆于守令而外特设专官。窃以养民裕国，本是守令之事，若设官专领，于民情之苦乐、地方之利病未必周知，而既无司牧之权，则令未必行，禁未必止，公事恐多牵掣；若仍须会同地方官，又易起推诿歧视之渐，且多一衙门多一冗费。即乡村董劝之人，如农师、田长等名目，亦不必设，恐奉行日久，实去名存，徒滋闾阎浮费也。守令为亲民官，情形熟，呼应灵，择其勤恤民隐、实心任事者，属之经理，以成田之多寡，得稻之盈绌，课其殿最，不烦更张而事可集。故当创行之始，相度水泉，经画地亩，以及招募农民试种，倡导章程，自宜专简大员核定办理，俟事有端绪，效可广推，则专责之地方官为便。

——林则徐《畿辅水利议》

思考与训练

（1）搜粟都尉、宜禾都尉、典农中郎将、司田参军等管理农业的特设官员，是哪个朝代设置的？

（2）作者主张试种和推广水稻阶段设置“管理农业的特设官员”吗？

（3）“课其殿最”中“课”“殿最”分别是何意？

第二十课　车

〔明〕宋应星

这是一篇说明文，介绍了马车的结构、材料、功能、承载能力、适用地理条件，以及军用、民用的历史演变等。

人物故事

宋应星（1587—约 1666）：字长庚，江西奉新人，明末大科学家、思想家，《天工开物》作者。与其兄宋应升皆科场不利，长期担任升斗小吏。清兵入主中原后，宋应升自杀殉国，宋应星隐居不仕。宋应星一生致力于农业和手工业的考察和研究，对技术经验做了总结性概括。《天工开物》描述了诸如机械、砖瓦、陶瓷、硫磺、烛、纸、兵器、火药、纺织、染色、制盐、采煤、榨油等生产技术，农业方面对水稻浸种、育种、播秧、耘草等生产全过程也有详尽记载，被誉为“中国 17 世纪工艺百科全书”。

主课文

凡车利行平地，古者秦、晋、燕、齐之交，列国战争必用车，故“千乘”“万乘”之号起自战国。楚汉血争而后日辟[1]。南方则水战用舟，陆战用步、马。北膺[2]胡虏，交使铁骑，战车遂无所用之。但今服马驾车以运重载，则今骡车即同彼时战车之义也。

凡骡车之制有四轮者，有双轮者，其上承载支架，皆从轴上穿斗而起。四轮者前后各横轴一根，轴上短柱起架直梁，梁上载箱。马止脱驾之时，其上平整，如居屋安稳之象。若两轮者驾马行时，马曳其前，则箱地平正。脱马之时，则以短木从地支撑而住，不然则欹卸[3]也。

凡车轮，一曰辕[4]（俗名车陀）。其大车中毂[5]（俗名车脑）长一尺五寸（见《小戎》朱注[6]），所谓外受辐、中贯轴者。辐计三十片，其内插毂，其外接辅。凡大车脱时，则诸物星散收藏。驾则先上两轴，然后以次间架。凡轼、衡、轸、轭[7]，皆从轴上受基也。

凡四轮大车，量可载五十石，骡马多者，或十二挂，或十挂，少亦八挂。凡大车行程，遇河亦止，遇山亦止，遇曲径小道亦止。徐、兖、汴梁[8]之交或达三百里者，无水之国，所以济舟楫为穷也。

凡车质惟先择长者为轴，短者为毂，其木以槐、枣、檀、榆[9]（用榔榆）为上。檀质太久劳则发烧，有慎用者，合抱枣、槐，其至美也。其余轸、衡、箱、轭，则诸木可为耳。

（选自《天工开物·舟车》）

注释

[1] 楚汉血争而后日辟：楚汉之战皆近身相搏而车战渐少。

[2] 膺：征伐，攻击。

[3] 攲（qī）卸：倾斜。

[4] 辕（huàn）：原文作辕，当为轘之误，特正之。辕为车之直木，非轮也。

[5] 毂（gǔ）：车轮中心有洞可以插轴的部分，借指车轮或车。

[6]《小戎》朱注：指朱熹《诗集传》中对《诗·秦风·小戎》“文茵畅毂”的注释。畅毂，指兵车。《诗·秦风·小戎》：“文茵畅毂，驾我骐馵。”《毛诗传》：“畅毂，长毂也。”朱熹《诗集传》：“大车之毂一尺有半，兵车之毂长三尺二寸，故兵车曰畅毂。”骐馵（zhù），身有青黑斑纹而左足白的马。

[7] 轼、衡、轸（zhěn）、轭（è）：皆车体部件。轼，在车厢前供人凭倚的横木。衡，车辕头上的横木。轸，车厢底部四面的横木。轭，为套在牲口颈上的马具。

[8] 徐、兖、汴梁：今徐州、兖州、开封。

[9] 榆：榔榆，落叶乔木，高达25米，胸径可达1米。木质坚硬，可供工业用材。茎皮纤维强韧，可做绳索和人造纤维。根、皮、嫩叶入药，可消肿止痛、解毒治热，外敷治水火烫伤。叶制土农药，可杀红蜘蛛。

参考译文

车适合行驶平地。战国时期，秦、晋、燕、齐之交，各国必以车武装军队，所以有“千乘之国”“万乘之国”的说法。秦末楚汉战争，皆以步兵近身血拼，战车此后日渐冷落。南方水战用船，陆战用步兵和骑兵；北征匈奴时，双方都用骑兵，战车无用武之地。今人驭马驾车来运载重物，今骡马车即同于昔日战车。

骡车形制，有四轮，有双轮，其承载支架皆从轴连接上去。四轮骡车，前两轮和后两轮各有一根横轴，轴上立短柱架起纵梁，纵梁承载着车厢。停马脱驾时，车厢平正，如居屋内般安稳。两轮骡车，行车时马在前头拉，车厢平正；停马脱驾时，用短木向前抵住地面来支撑，否则车就会倾倒。

车轮叫辕（俗名叫车陀），车轮由轴承、辐条、内缘与轮辋组成。大车毂（俗名叫车脑），周长约一尺五寸（朱熹注释《诗经·秦风·小戎》也是这样说的），这是外接辐条中穿车轴的部件。辐条共有30片，其内端连接毂，外端连接轮的内缘（辅）。大车收驾时，把几个部件拆卸下来收藏。起驾时先装两轴，然后依次装车厢等。轼、衡、轸、轭等部件都是承载在轴上的。

四轮大车，运载量为50石。所用骡马，多者12匹或10匹，少者8匹。大车遇到河流、山岭和曲径小道都无法通行，徐州、兖州和开封等平原一带，方圆300里，少有河流湖泊，马车正好弥补舟楫水运之缺。

造车木料，先选长的做车轴，短的做毂（轴承），以槐木、枣木、檀木和榆木(用榔榆)为上等材料。黄檀木摩擦久了会发热，不太适宜，细心者选用两手合抱的枣木或槐木，最为合适。轸、衡、车厢及轭等其他部件，则无论什么木都可用。

赏析与写作指导

写说明文要找准重点

说明文读起来有点枯燥，但知识性极强，是人类知识传播的重要媒介。

本文原有1000余字，经过编者删削，文字集中于对车的构件的介绍。原文对套马方式、驾车方式介绍甚多，均删除。

“其上承载支架，皆从轴上穿斗而起。四轮者前后各横轴一根，轴上短柱起架直梁，梁上载箱。”对马车构造的介绍，文字极为简洁精炼。

对车轮的介绍最为详尽。造车目的在于运输，车轮乃运动之关键，故为文中重点。车轴和车毂乃车轮之关键，故轴毂为重中之重。“凡车轮，一曰辋（俗名车陀）。其大车中毂（俗名车脑）长一尺五寸（见《小戎》朱注），所谓外受辐、中贯轴者。辐计三十片，其内插毂，其外接辅。凡大车脱时，则诸物星散收藏。驾则先上两轴，然后以次间架。凡轼、衡、轸、轭，皆从轴上受基也。”但看“轴毂”二字出现频率，即知重点所在。

说明文的构思和写作，最重要的就是要找准重点。重点找对了，读者就容易得其要领，从而能够充分实现说明文的传播效果。

车作为人造物，与人类的生存环境、地理条件、生产方式、交往方式、社会组织模式、战争模式，均息息相关。故课文涉及战争、军事、交通、运输、地理、植物、动物等多学科知识。

延伸知识

帝王座驾有多大?

古代社会，车是陆地交通的主要工具。早在孔子时代，大夫出行必须坐车，如果徒步那就有失身份。境遇好的士也得坐车。冯谖到孟尝君那里做门客，孟尝君没有格外重视他，他感到不得志，抱怨不给他坐车。可见当时境遇差的士还没车坐，境遇好的则可以坐车。孟尝君很给面子，马上满足他坐车出行的愿望。

经过宋代的技术革命，明代中国的制造业和工艺水平，已经非常发达。明代帝王的座驾，即可见其一斑。

据《明史·志第四十一·舆服一》记载，明代帝王的大车，长达二丈二尺九寸，高一丈三尺九寸五分，宽八尺二寸五分。车座高四尺一寸有余。车头为镀金铜龙头，车尾为龙尾。

帝王专用的车厢，像个亭子一样矗立在车的主体部位。车厢高六尺七寸九分，前面有两扇门，每扇门宽二尺四寸九分，高五尺一寸九分，比今天流行的小轿车高大许多。皇帝坐着这么大的车巡狩九州，那气派举世无双。

副课文

祀在诚敬不在辂

天子车辂（lù），明初大朝会，则拱卫司设五辂于奉天门，玉居中，左金，次革，右象，次木。驾出则乘玉辂，后有腰舆（手挽的便舆，高及腰），以八人载之。

其后太祖考《周礼》五辂，以询儒臣。曰：“玉辂太侈，何若祇用木辂？”博士詹同对曰：“孔子云‘乘殷之辂’，即木辂也。”太祖曰：“以玉饰车，古惟祀天用之，常乘宜用殷辂。然祀天之际，玉辂未备，木辂亦未为不可。”

参政张昶曰：“木辂，戎辂也，不可以祀天。”太祖曰：“孔子斟酌四代礼乐，以为万世法，木辂宁不可祀？祀在诚敬，岂泥仪文。”

洪武元年，有司奏乘舆服御，应以金饰，诏用铜。有司言费小不足惜。太祖曰：“朕富有四海，岂吝乎此？第俭约非身先无以率下，且奢泰之习，未有不由小而至大者也。”

六年，命礼官考五辂制，为木辂二乘。一以丹漆，祭祀用之；一以皮鞔（mán），行幸用之。是冬，大辂成。命更造大辂一，象辂十，中宫辂一，后宫车十，饰俱以凤。以将幸中立府，故造之，非常制也。

二十六年，始定卤簿（lǔ bù，仪仗）大驾之制。玉辂一，大辂一，九龙车一，步辇一。后罢九龙车。永乐三年更定卤簿大驾，有大辂、玉辂、大马辇、小马辇、步辇、大凉步辇、板轿各一，具服、幄殿各一。

——《明史·志第四十一·舆服一》

思考与训练

1. 南船北车、南船北马，这两个成语的意思，有什么相关性？有什么不同？

____

____

____

2. 副课文《祀在诚敬不在辂》，明太祖朱元璋回答臣子说：“孔子斟酌四代礼乐，以为万世法，木辂宁不可祀？祀在诚敬，岂泥仪文。”结合全文，这话含有经济上的何种考虑？与墨子《节用》一文可打通吗？

____

____

____